수익 내는 주식 매매 타이밍

수익 내는 주식 매매 타이밍

Timing of Stock Trading

초판 1쇄 발행 · 2020년 7월 1일
초판 8쇄 발행 · 2024년 6월 10일

지은이 · 강창권
발행인 · 이종원
발행처 · (주)도서출판 길벗
출판사 등록일 · 1990년 12월 24일
주소 · 서울시 마포구 월드컵로 10길 56(서교동)
대표전화 · 02)332-0931 | **팩스** · 02)323-0586
홈페이지 · www.gilbut.co.kr | **이메일** · gilbut@gilbut.co.kr

담당 · 박윤경(yoon@gilbut.co.kr) | **디자인** · 최주연 | **제작** · 이준호, 손일순, 이진혁
마케팅 · 정경원, 김진영, 김선영, 최명주, 이지현, 류효정 | **유통혁신** · 한준희
영업관리 · 김명자, 심선숙, 정경화 | **독자지원** · 윤정아

교정교열 및 편집 진행 · 김혜영 | **전산편집** · 예다움
CTP 출력 및 인쇄 · 예림인쇄 | **제본** · 예림바인딩

ISBN 979-11-6521-207-0 13320
(길벗도서번호 070436)

정가 18,000원

20년 경력 실전투자대회 6관왕의
매매일지에서 배우는 실전 주식투자의 모든 것

강창권 지음

수익 내는 주식 매매 타이밍

길벗

주식시장에서 승리하는
투자자를 꿈꾸다

아직도 손실만 거듭하는 주식투자를 하고 있나요?

스스로 판단하기에 여러분이 지금 주식투자에서 겪는 문제는 무엇인가
요? 매수 타이밍을 맞추지 못하는 것, 아니면 뇌동매매, 기도매매, 신용
몰빵, 손절매를 하지 못하는 것 등 문제의 형태는 다양할 것입니다.

지금부터 수익을 내기 위해서 가장 먼저 해야 할 일은 자신의 문제점
이 무엇인지 찾아서 노트에 적는 것입니다. 그리고 이 시간 이후부터 그
문제점을 고치려고 부단히 노력하는 것입니다. 물론 본인도 자신의 문제
점을 이미 오래전부터 인지하고 있을 것입니다. 알면서도 아직 고치지
못했을 뿐이지요.

초보 투자자들의 가장 큰 문제점은 첫째로 주가가 상승할 때 인내력의

한계를 느끼며 추격매수를 하거나, 둘째로 고점에 물리면 조만간 다시 오를 거라고 믿으며 무작정 존버하는 것입니다.

지금 당장 수익이 나지 않는다면 여러분이 생각하는 것과 정반대로 매매해 보는 것도 괜찮다고 생각합니다. 자신이 매수하고 싶을 때 매도하고, 매도하고 싶을 때 매수하는 식으로 말입니다.

주식시장에서 성공하여 꿈꾸던 목표인 상위 5%로 올라가려면 이제는 정말로 확실하게 변화해야 합니다. 꿈꾸지 않으면 이룰 수 없고, 꿈꾸는 것을 이루기 위해 지금 당장 실천하지 않으면 여러분의 미래는 결코 밝아지지 않을 것입니다.

단타든 스윙이든 자신만의 확실한 매매기법부터 만들고, 가장 자신 있는 매매기법으로 가장 눈에 잘 보일 때 투자하기 바랍니다. 조금 수익이 났다고 절대 자만하지 말고, 항상 냉정하고 차분하게 시장을 바라보며 투자해야 합니다.

나의 가족과 아이 그리고 연인을 위해서 지금 당장 실천해 보십시오. 그렇게 못할 것 같다면 주식시장에서 과감히 떠나는 용기가 필요합니다.

주식은 과학인 동시에 타이밍의 예술입니다. 정확한 기술적 분석과 더불어 경제 상황이나 이슈가 될 만한 시장 뉴스를 공유해 팩트를 정확히 알고 대처한다면, 여러분은 의심의 여지없이 이 시장에서 성공할 것입니다.

20년 주식투자의 경험이 만든 노하우

주식투자를 시작한 지 20년이 돼가는 지금 저는 또 개인투자자들을 위해서 새로운 책을 쓰고 있습니다. 지금 이 시간에도 어떻게 하면 주식시장에서 이길 수 있을지 고민하면서 하루하루를 보내는 사람이 얼마나 많을까 생각해봅니다. 주위에서 보면 대부분 회사의 상사나 지인에게서 정보를 얻어 주식투자를 시작했다가 요행으로 수익을 내면서 본격적으로 투자를 하게 됩니다. 하지만 그런 달콤한 수익에만 기댄 채 공부를 게을리하면 시간이 지나면서 낭패를 보는 경우가 다반사입니다. 주식으로 수익을 내는 것은 투자자 중 최소 상위 10% 이내에 들어야 가능합니다. 그렇다면 그 안에 들면 되겠지요? 주식은 차트 보는 법, 즉 기술적 분석을 확실하게 공부한 뒤 투자한다면 무조건 이길 수 있는 게임이라는 이야기를 하고 싶습니다.

저는 50년 넘게 살면서 평범한 학창시절을 보내는 동안 아쉽게도 제 삶을 바꿔줄 진정한 스승을 만나지는 못했습니다. 이런 아쉬움이 저로 하여금, 책과 강의를 통해 열심히 주식투자를 공부하는 이들에게 스승이 돼주어야겠다고 마음먹게 한 원동력이 되었습니다.

이 책이 주식을 공부하는 사람들에게 주식투자의 터닝 포인트가 되는 동시에, 저 '강창권'이란 사람이 여러분의 든든한 스승이 될 수 있기를 바랍니다. 주식을 매매할 때 처음부터 잘해서 계속 승승장구하는 사람은 없습니다. 지금 당장은 손실이 날지 몰라도 자신의 기존 습관을 바꾸고 부단히 노력하면 주식투자에서 성공 가도를 달릴 수 있을 것입니다.

이 시장에서는 멘탈이 90% 이상이라고 해도 과언이 아닐 정도로 자신의 멘탈을 어떻게 관리하느냐에 따라 성공 여부가 결정됩니다. 초보자가 가장 조심해야 할 것이 바로 몰빵매매와 기도매매 그리고 분노매매와 뇌동매매입니다. 수익이 좀 난다고 해서 조금이라도 자만하는 순간 나락으로 떨어질 수 있으니, 항상 노력하는 자세로 주식공부를 게을리하지 말고 시대에 뒤떨어지지 않게 계속 공부하면서 연구하십시오.

지금 자신의 자리보다 더 높고 좋은 곳을 목표로 설정하고 한 단계 나은 삶을 꿈꾼다면 남보다 더 부지런히 움직이고 노력해야 합니다. 또한 자신을 성찰하면서 앞으로 나아가야 합니다.

주식투자를 하면서 가장 큰 걸림돌은 사람의 욕심이 아닐까 싶습니다. 이미 수익이 났는데도 익절하지 않고 더 많은 수익을 내려고 기다리다 보면 그사이에 주가가 내려가는 경우도 많습니다. 그러니 항상 목표수익을 설정해 두고 매도 타이밍을 잘 잡아서 매매하기 바랍니다.

이 시장에서 살아남기 위해서 하루하루 일희일비하지 말고 무엇을 해야 할지, 또 어떤 기법을 나의 무기로 삼을 것인지 고민해서 자신이 가장 잘하는 매매스타일을 꼭 만들기 바랍니다.

주식투자의 3가지 원칙

마지막으로 주식투자에서 가장 중요하게 지켜야 할 원칙 세 가지를 여러분에게 말씀드리고자 합니다.

첫째, 주가가 가장 활발하게 움직이는 시간(오전장 9시~10시, 오후장 2시 30분~3시 30분)을 꼭 지켜서 매매하세요. 오전 10시가 넘어가면 특별한 이슈가 있거나 기관, 외국인 종목이 아니면 대부분 거래가 줄어들고 횡보하는 구간으로 진입합니다. 그러므로 주식투자 시 장 시작 후 1시간, 장 마감 전 1시간이 짧게 매매해도 충분히 수익을 낼 수 있는 골든 타임 이라는 것을 꼭 기억하세요.

둘째, 손실이 났다고 마음을 조급하게 먹고 바로 덤비면 백전백패입 니다. 이럴 때일수록 한걸음 뒤로 물러나 쉴 줄도 알아야 합니다. 조그마 한 손실을 만회하고자 미수나 신용을 사용했다가 잘못하면 큰 낭패를 볼 수 있기 때문에 하락장에서 스톡론, 신용, 미수 사용은 절대 금물입니다.

셋째, 주위에서 제아무리 인스타그램 등 SNS에 수익이 난 매매일지를 올려도 신경 쓰지 마세요. 자신의 스타일대로, 자신의 매매패턴대로 흔 들림 없이 매매해야 합니다.

인스타그램이나 주식카페에서 수익을 많이 내는 분들의 매매스타일 을 무작정 흉내 내다 보면 크게 손실이 날 수도 있고, 이로 인해 멘탈도 많이 흔들리게 됩니다. 남의 매매기법을 따라 하지 말고 반드시 자기 나 름의 필살기 기법을 만들어 투자해야 합니다. 주식투자를 하는 과정에서 어떨 때는 조금만 수익이 나도 다 잘될 것 같은 마음에 어깨에 힘이 들어 간 적도 있을 것이고, 또 어쩌다 크게 손실이 나서 세상을 다 산 것처럼 풀이 죽어서 다닌 적도 있을 것입니다. 이 시장에는 그 어떤 글이나 말로 도 표현 못 할 경우의 수가 수없이 존재합니다. 오랜 경험이야말로 그런 모든 경우의 수에 대처할 수 있도록 도와주는 가장 큰 스승이 될 수 있습 니다.

고수와 하수의 차이는 추격매수 충동을 억제하면서 저점에서 매수하 느냐, 시장에서 얼마나 최선을 다해 열심히 노력하느냐의 차이일 뿐 특별한 비법은 존재하지 않습니다.

여러분에게는 '젊음'이란 거대한 무기가 있습니다. 기나긴 여정을 주식쟁이로 살아가고 싶다면, 지금 당장은 손실이 났더라도 조급하게 마음먹지 말고 스텝 바이 스텝으로 천천히 전진해 나가야 합니다. 여러분이 앞으로 걸어갈 주식의 길은 힘들고 많이 외로울 것입니다. 가끔은 포기하고 싶을 때도 있겠지요. 그래도 지치지 않고 꾸준히 열정적으로 노력하는 과정에서 제 책이 작으나마 도움이 되었으면 하는 바람입니다.

이 책은 제가 그동안 인스타그램에 그날그날의 시장 특징과 그에 대한 저의 생각을 기록한 것을 엮은 것입니다. 끊임없이 변화하는 시장에 대한 느낌과 마음가짐, 20년간의 실전 경험에서 우러나온 노하우가 여러분에게 꼭 도움이 되었으면 좋겠습니다.

이 책을 쓰는 데 도움을 준 명품 4~5기 제자 슈팅스타, 명품 4~5기 반장 찹쌀이에게 감사의 인사를 전하며, 독자 여러분 모두 주식시장에서 건승하길 두 손 모아 빌겠습니다.

2020년 여름, 강창권

냉정한 주식시장에서 든든한 내 편이 돼주는 '찐' 스승이신 강창권 스승님. 많은 개인투자자들을 성공적인 투자자의 길로 이끈 스승님이 두 번째 책을 출간하셨습니다. 멘탈관리, 차트분석, 시황매매, 직장인 MTS 매매 등 주옥같은 본인의 투자기법들을 경험적 스토리 형식으로 저술한 이 책은 시장의 상승과 하락에 관계없이 투자자들의 계좌에 매일 빨간불이 들어오게 해줄 것입니다. 현실에 안주하지 않고 늘 초심으로 날마다 열심히 노력하는 스승님의 모습은 개인투자자들이 배워야 할 덕목이라고 생각합니다. 성공하려면 본인의 의지가 다른 어떤 것보다 중요하다고 생각합니다. 스승님의 노하우가 투자자들에게 평소 꿈꾸던 것을 실현해주는 열쇠가 될 것입니다.

- 명품 2기 인스타그램 ID: @gbu488

남들과 다르지 않은 평범한 개미였던 저는 강창권 스승님의 강의를 듣고 주식시장을 보는 시야가 180도 바뀌었습니다. 그동안에는 주식투자와 관련한 여러 책들과 인터넷으로 주식을 공부하는 게 전부였는데, 스승님의 강의를 통해 그동안 알 수 없었던 차트와 거래량 이면에 숨은 의미, 스승님만의 매매기법을 아낌없이 전수받았습니다. 저는 주로 어디서든 매매가 가능한 MTS로 매매하는데, 스승님의 강의를 토대로 저만의 매매기준을 만들고 꾸준히 수익을 내려 노력하고 있으며, 이제 그 노력이 성과를 내고 있습니다. 주식시장에서 이기려면 단기간에 큰 수익을 내는 것이 아니라, 장기간에 걸친 꾸준한 수익과 하락장에서도 수익을 낼 수 있는 실력 그리고 이를 지탱해주는 멘탈관리가 중요합니다. 스승님은 그런 요소들의 중요성을 끊임없이 강조하며, 본인이 평생 쌓아온 노하우를 아낌없이 전수해주셨습니다. 이 글을 읽는 여러분에게도 이 책이 주식시장에서 성공할 수 있는 토대가 되기를 진심으로 바라고 또 응원합니다.

- 명품 2기 인스타그램 ID: @joo._.nu

매일같이 빠르게 변화하는 주식시장을 가리켜 흔히 살아있는 생물과 같다고 합니다. 그 변화의 속도가 너무 빠르다 보니 우리는 당장 내일의 일도 예측하기가 쉽지 않습니다. 많은 투자자들이 시장을 이해하지 못하고 발 빠르게 대처하지 못해 큰 실패를 겪고 있습니다. 주식투자자라면 꼭 지켜야 할 투자 원칙부터 시황파악, 차트분석, 멘탈관리, 노하우까지 스승님의 실제 매매일지를 고스란히 담은 이 책을 읽다 보면 마치 매매에 직접 참여하는 듯한 느낌을 갖게 됩니다. 직장인인 저는 투자금 200만원으로 MTS를 이용해 첫 투자를 시작하면서 스승님의 강의를 접한 덕분에 지금은 안정적인 투자 수익을 얻으며 제 인생을 바꿔나가고 있습니다. 이 책을 통해 여러분도 치열한 주식시장에서 살아남는 법을 배우는 것은 물론, 성공하는 투자자가 되기 위한 지침을 얻기를 바랍니다.

- 명품 3기 인스타그램 ID: @chapssal84

지식은 여러 매체를 통해 언제나 습득할 수 있지만 사람의 경험은 돈을 주고도 살 수 없다고 생각합니다. 험난한 주식시장의 참교육자인 강창권 스승님의 경험이 녹아 있는 책! 주식투자자 여러분에게 적극 추천 드립니다. 기법과 스킬에 앞서 중요한 것은 마인드와 원칙이며, 이것이야말로 주식투자에서 여러분의 바로미터가 될 것이라 생각합니다. 아울러 이 책을 통해 실전투자대회 6관왕의 매매일지를 공부할 수 있다는 것은 독자 여러분에게 주식시장에서 살아남기 위한 큰 무기가 될 것입니다.

화려한 기법보다는 시장을 꿰뚫어보는 힘, 본질에 다가가는 접근 방법, 수익을 지킬 수 있는 방법을 모두 배워 가길 바랍니다.

- 명품 4기 인스타그램 ID: @shooting_star_6230

스승님의 강의를 듣게 된 것은 주식투자에서뿐만 아니라, 제 인생에서 터닝 포인트가 되었습니다. 스승님은 매매의 기술적인 측면은 물론 주식시장에 임하는 자세와 마음가짐을 늘 강조하고 습관이 되도록 알려주십니다. 스킬은 누구나 가르칠 수 있습니다. 하지만 진심(眞心)은 아무나 가르칠 수 없습니다. 강의가 끝나도 오랫동안 스승님이라 부르며 많은 제자들이 따르는 이유는 분명합니다. 승률 높은 매매기법은 누구에게나 배울 수 있지만, 주식시장에서 꾸준하게 살아남는 멘탈과 습관은 아무에게나 배울 수 없으니까요. 시간외단일가 매매기법까지 가르쳐주는 유일한 강의! 대기업에 다니면서 스승님의 강의를 듣고 시간외단일가 매매를 처음 알게 되었습니다. 반년이 지난 지금, 저는 MTS를 통한 시간외단일가 매매로 매달 월급의 2~3배 수익을 내고 있습니다.

- 명품 4기 인스타그램 ID: @captain.100

처음 명품강의를 듣기 전까진 거의 매일 계좌에 파란불만 들어오는 힘든 나날을 보내고 있었습니다. 기존에 수많은 강의를 듣고 책을 사서 보았지만, 강창권 스승님의 강의와 책은 제게 큰 인사이트를 주었습니다. 기본기에 충실한 매매기법, 시황, 원칙! 이것들은 제 주식인생의 터닝 포인트가 되었습니다. 맨 처음 기본기가 탄탄해야 뭐든 잘할 수 있습니다. 수업시간마다 기본기를 배우고 정리하며 흔히 접하는 뉴스와 신문 기사에서 주식의 재료를 찾는 법을 배울 수 있었고, 그 재료를 종목과 연관짓는 눈을 키울 수 있었습니다. 뉴스를 통한 시황매매를 배우고 싶은 분이라면 이 책이 매우 큰 도움이 될 것으로 확신합니다.

- 명품 4기 인스타그램 ID: @lucky.han04

26살 대학교 졸업 후 무엇을 할까 한창 고민하다가 스승님의 인스타그램을 우연히 보게 되었습니다. 처음에 본 것은 수익금이었고, 나도 저렇게 돈을 많이 벌고 싶다는 생각에 무작정 주식시장에 뛰어들었습니다. 결과는 참담했습니다. 그 뒤 스승님 인스타그램 피드의 진정성을 느껴 명품 4기 강의를 신청해서 수강하며, 주식의 기본부터 실전매매 노하우 등을 배웠습니다. 주식은 정말 단순히 매매해야 한다는 스승님의 말씀이 아직도 기억납니다. 스승님의 투자기법, 멘탈관리, 차트분석 등이 담긴 이 책은 여러분이 어떤 시장에서도 수익을 낼 수 있도록 도와줄 것입니다. 주식시장에서 성공은 누구에게나 공평합니다. 스승님은 아직도 피나는 노력을 하고 계십니다. 스스로 의지를 가지고 이처럼 피나는 노력을 기울인다면 주식시장에서 반드시 성공할 수 있을 거라고 확신합니다.

- 명품 4기 인스타그램 ID: @yong_stock_

이 책은 주식투자의 모든 것을 담은 투자 매뉴얼로서 처음 주식을 시작하는 분들에게 반드시 일독을 권하고 싶습니다. 그리고 주식으로 고민하고 상처받은 분들에게는 본인의 문제점을 분석하고 대안을 마련할 수 있는 가이드로, 이미 주식에서 본인만의 매매원칙을 세우고 일정한 수익을 내고 계신 분들에게는 실전투자대회 6관왕의 독창적인 매매기법과 실전 매매일지를 엿볼 수 있는 보기 드문 기회로 추천 드리고 싶습니다. 시중에 나와 있는 대부분의 주식 관련 전문 서적들은 핵심 없는 내용의 반복과 중복, 역사적인 케이스에 대한 결과론적 해석으로 일관하다가 변별력 있는 매매기법의 제시 하나 없이 용두사미로 끝맺곤 합니다. 그러나 이 책은 주식투자를 위한 깊고 넓은 정보를 모두 담고 있습니다. 꿈과 희망, 기대를 이루고 싶어서 주식투자를 한다면, 실패하지 않는 성공을 바란다면, 이 책을 먼저 매수하시기 바랍니다. 저를 포함한 많은 제자들이 오늘날 일상에서 흔히 쓰지 않는 '스승님'이란 말을 왜 아직도 쓰고 있는지 바로 아실 수 있을 것입니다.

- 명품 5기 인스타그램 ID: @nuno_stock

차
례

프롤로그 주식시장에서 승리하는 투자자를 꿈꾸다 … 4

추천의 글 … 10

1 꼭 지켜야 할 투자 원칙

- 주식투자에 앞서 멘토와 스승을 만들어라 … 24
- 주식으로 돈을 벌려면 부단한 노력이 필요하다 … 28
- 주식 전업투자자는 남들보다 부지런해야 성공한다 … 31
- 장 시작 후 수익 난 금액은 무조건 지켜라 … 34
- 스캘핑 할 때 장 초반에 손실이 나면 절대 무리하지 마라 … 36
- 오랜 실전투자를 통해 단타로 수익 내는 법을 익히다 … 40
- 주식투자의 기본, 손절매는 과감하게 하라 … 43
- 아직도 주식시장에서 기도매매를 하다니? … 45
- 종합시황 창만 제대로 봐도 수익을 낼 수 있다 … 47
- 시황매매, 주식 초보라면 소액으로 연습부터 하라 … 53
- 시황매매의 키포인트는 '세계 최초'라는 재료다 … 57

② 넓고 깊게 시장과 증권시황 파악하기

3 차트분석 & 매매기법 활용하기

4 이슈에 따른 테마주에 대응하기

꼭
지켜야 할
투자 원칙

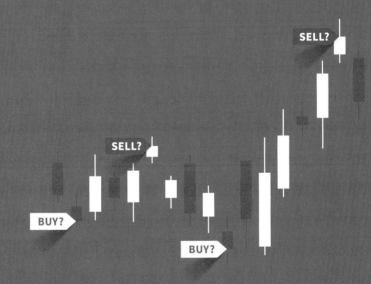

주식투자에 앞서
멘토와 스승을 만들어라

독일 문학의 거장 괴테가 이런 말을 했습니다.

"꿈을 품고 뭔가 할 수 있다면 그것을 시작하라. 새로운 일을 시작하는 용기 속에 당신의 천재성과 능력과 기적이 모두 숨어있다."

가보지 않은 새로운 길을 가려면 항상 두려움이 앞서기 마련입니다. 하지만 지금부터라도 무엇인가를 새롭게 시작한다는 것은 이미 성공의 길로 절반은 들어선 것과 같다고 할 수 있습니다.

저 역시 주식투자를 공부하는 여러분의 능력을 발견할 수 있으리라 생각하고, 제 주식인생에서 많은 제자들을 키우고 싶어 우연한 기회에 주식강의를 시작했습니다. 요즘은 제자들이 성장하며 인스타그램 피드에 올리는 매매일지를 보면서 많은 보람을 느끼고 있습니다. 제가 한창 수익을 올리던 2010년 전후에만 해도 저는 인터넷으로 주식강의를 한다는 사실을 잘 몰랐습니다. 그때만 해도 나이도 젊고 어느 누구보다 수익도 잘 내던 시절인지라 주식강의에는 전혀 관심이 없었지요. 그런데 2년 전쯤 한 사이트에서 강의해 달라는 제의를 받고서야 이렇게 온라인에도 교육하는 공간이 있다는 것을 알게 되었습니다. 현재는 인생의 중후반을 달려가고 있는 만큼 여기서 한 단계 더 점프하기보다는, 잃지 않고 안정적으로 꾸준히 가는 것에 초점을 맞춰 주식투자를 하고 있습니다. 제가 아는 후배들 중에는 정말 대한민국에서 손꼽을 정도로 매달 몇 억 단위 이상으로 큰 수익을 내는 숨은 고수들이 아주 많습니다. 대부분 나이가 30대 후반이라 아직은 얼굴을 드러내기 싫어하는데, 이들의 공통점은 처음에 겪는 힘든 과정을 모두 이겨내고 일어선 트레이더라는 것입니다.

누구나 힘든 시절이 있지요. 매달 돌아오는 카드 값과 빚 독촉 그리고 주식을 매매할 때마다 떨어지는 자신감…. 이런 어려움을 진실로 겪어보지 않은 사람은 나락의 끝까지 내몰린 사람의 심정을 결코 이해할 수 없을 것입니다. 시장이 좋아지면 늘 반짝 고수들이 등장합니다. 하지만 주식투자 시장에서 10년 이상 꾸준하게 수익을 내면서 살아남는 투자자는 전체의 10%도 되지 않습니다.

강의하면서 늘 느끼는 것이지만 정말 많은 사람들이 현재 얼마나 절실한지 또 간절한지를 이야기합니다. 제자들의 이야기를 들어보면, 가장 큰 문제는 과거의 나쁜 매매습관이 이미 몸에 배어 버린 것입니다. 수익이 나지 않으면 변화가 필요한데 대부분 본인의 고집이 있어 쉽게 바뀌지 않습니다. 하지만 많은 사람들이 노력하면서 새로운 모습으로 변화했고, 이미 주식투자를 하던 사람들에 비해 아무것도 모르고 처음 시작하는 주린이들에게서 제 수업의 효율성이 더 높게 나타나는 모습을 볼 수 있었습니다. 주식투자 경험이 어느 정도 있는데도 손실이 지속된다면, 기존에 자신이 지닌 매매습관을 과감하게 벗어버리고 새로운 매매패턴으로 바꿔야만 수익으로 전환할 수 있을 것입니다.

제자들 중에는 주식강의를 듣는 데 지금까지 2,000만원 이상 투자한 친구도 이따금 있었습니다. 처음에는 '설마 그렇게까지야' 하는 생각도 들었지만, 미래를 위한 투자로 여기고 이곳저곳 주식강의를 찾아 들으면서 투자를 아끼지 않는 젊은 친구들이 많은 것을 보고 '우리 시절 생각과는 많이 다르구나!' 하는 것을 새삼 느꼈습니다.

현실에서 깨지거나 얻어터지고 손실을 보면서 시장에 수업료를 내느니 그렇게 배우는 게 더 효율적인 측면도 있습니다. 주식강의 사이트를 찾다 보면 그중에서 자신에게 맞는 기법이나 패턴으로 강의하는 사이트가 틀림없이 존재할 것입니다. 시장에서 매일 깨지고 터지기보다는 몇 년의 시행착오를 줄여줄 좋은 스승을 꼭 한번 찾아보기 바랍니다. 주식 인생에서 좋은 스승을 만나는 것은 초보시절에 흔히 겪는 시행착오를 줄여주고, 주식투자라는 재테크 성공에 한걸음 더 빨리 다가가는 지름길이라고 할 수 있습니다.

이미 이 시장에 진입했다면 무조건 이기는 게임을 해야 하지 않을까요? 직장에 다니는 투자자라고 해서 스윙매매만 할 이유는 없다고 생각합니다. 직장인 투자자 대부분이 장이 시작되면 모니터링을 할 수 없어 스윙매매를 주로 하지만, '스탑로스와 트레일링 스탑로스' 기능을 잘 숙지하면 수익과 손실을 빨리 결정할 수 있게 되니 다른 매매기법도 연구해보세요. 자신이 가장 잘할 수 있는 매매에만 집중하고, 직장인 중 오전장에 MTS를 볼 수 없는 투자자라면 오후 4시 10분에서 6시까지 열리는 시간외단일가 매매를 연구해서 투자해보기를 권합니다. 그러면 오히려 장중 투자보다 수익을 올릴 확률이 훨씬 높을 것입니다.

　주식시장에는 언제나 기회가 열려 있습니다. 나는 무조건 안 된다는 비관적인 생각만 하지 말고 늘 긍정적인 마인드로 할 수 있다는 생각을 가지고 도전해보세요. 비록 지금 나는 이렇게 살고 있지만, 우리 아이들에게만은 지금보다 더 행복한 삶을 물려주기 위해서라도 남들보다 더 열심히 끊임없이 노력해야 합니다.

주식으로 돈을 벌려면
부단한 노력이 필요하다

이제껏 살아온 인생을 되돌아보면 참 열정적으로 살아왔노라 생각하면서도 언제나 아쉬움이 남습니다. 다시 그 시절로 돌아간다면 '나는 이러이러하게 살겠노라.' 하고 마음먹는 것의 연속이 인생인 듯싶습니다. 저는 유년 시절 어렵지 않은 집안에서 태어나 청년 시절에 남들보다 빨리 사업을 시작했습니다. 나름 부지런했던 것이 제게는 그 어떤 재산보다 더 크게 작용하여 사업에서도 성공한 편이었지요.

그러던 어느 날, 멋모르고 뛰어든 주식시장에서 30대 중반부터 몇 년간 이어진 고난과 인고의 시간들…. 저도 경험한 그토록 힘든 시간들을 지금 이 글을 보는 독자 중 누군가도 경험하고 있을 것이고, 그저 이것이 내 운명이려니 하고 살아가는 사람도 많지 않을까 싶습니다. 본격적으로 인스타그램을 시작한 지도 이제 3년이 다 되어갑니다. 제가 세상에서 가장 잘하는 것이 주식뿐인데다 젊은 사람들과 소통할 수 있는 것이 주식 이야기밖에 없는 듯해, 저는 주식 이야기 외에 다른 이야기로는 별로 소통하지 않습니다. 실전투자대회에서 우승을 하다 보면 이 시장에서 내로라하는 사람들을 많이 알 수 있는 인맥이 넓어지게 됩니다. 여러분이 상상도 할 수 없을 만큼 수익을 많이 내는 신흥 고수들도 많고, 그들의 베팅은 정말 저도 가끔 놀랄 정도입니다.

30대 후반에 자산을 50억 이상 일군 사람들과 가끔 이야기를 해보니, 실전에서 자신에게 기회가 찾아왔을 때 정말 과감하게 베팅했다는 공통점을 지니고 있었습니다. 대체적으로 30대에 베팅하는 것이 주식인생에서 최고조에 이르는 게 아닌가 하는 생각이 듭니다.

제 아들 녀석이 이번에 고3 졸업반인데, 대학 가기 전에 주식을 좀 가르쳐 볼까 싶어서 제 책을 읽어 보고 한번 투자해 보라고 100만원을 계좌에 넣어주었습니다. 그런데 아니나 다를까 수익이 나기는커녕 매일 손실이 나고 있습니다. 자신은 책을 읽고 열심히 공부한 뒤 매매했다고 하지만, 막상 이론과 실전은 정말로 많이 다르니까요. 시중에 있는 주식책에서 실전 매매기법을 논하기에는 내용에 한계가 있습니다. 주식을 잘하려면 가장 중요한 것이 현재가 창에서 힘의 원리, 분봉차트에서 핵심 매수 포인트와 매도 포인트 등을 파악하는 것입니다. 이런 세부 내용들은 책으로 설명하기가 정말 힘들기 때문에 경험 많은 고수들에게 배우는 편이 훨씬 빠릅니다.

제가 살면서 가장 중요하게 생각하는 인생의 지론은 '세상에 공짜는 없다'는 것입니다. 저는 길거리를 지나갈 때 누군가 공짜로 주는 것을 받지 않습니다. 스스로 노력한 대가가 아니면 취하지 않겠다는 생각을 갖고 있기 때문이고, 앞으로도 이런 마음가짐으로 살아갈 것입니다. 여러분도 지금 자신이 필요로 하는 것을 원한다면 공짜가 아닌 투자로 얻어야 합니다.

　테마주로 어쩌다 수익이 나면 대부분의 사람들이 본업도 접어둔 채 주식으로 성공하는 허황된 꿈을 꿉니다. 하지만 그런 꿈들은 하락장세를 만나면 얼마 가지 않아 산산조각 나게 마련입니다. 책과 유튜브로도 주식공부가 충분히 가능하지만, 도저히 잘 모르겠다면 주식강의 등에 투자해서라도 꼭 배움의 길로 들어서기를 권유합니다.

주식 전업투자자는
남들보다 부지런해야 성공한다

• 2019년 1월 15일 •

오늘의 매매일지

종목 ㅣ 이건산업(008250)

이슈 ㅣ 산림청에 남북산림협력단 신설 → 호재

흐름 ㅣ 장 시작 전에도 종합시황 창에서 뉴스를 검색해본다.

결론 ㅣ 부지런하면 주식투자로 수익을 낼 수 있는 확률이 높다.

"일찍 일어나는 새가 벌레를 잡는다."라는 서양 속담이 있습니다. 부지런해야 성공한다는 뜻이지요. 세상을 살면서 무엇이든 근면 성실하게 열심히 하는 것은 기본이라고 봅니다. 그런데 요즘 젊은 사람들은 "일찍 일어나는 새가 피곤하다."라고 하더군요.

전업투자인 저는 매일 6시에 기상해서 미국 시장을 체크하고 아침 7시면 컴퓨터를 켜고 하루를 시작합니다. 매일 8시 20분에는 전일 시간외단일가에서 많이 상승한 종목들을 장전시간외 거래주문으로 넣습니다.

장전시간외 거래주문은 오전 8시 30분에서 8시 40분까지 전일 종가로 매매할 수 있는 주문입니다. 시간 우선의 원칙에 따라 자신이 쓰는 증권사의 매수주문 번호 1번에 줄을 서야 하고, 주문하려는 종목에서 전국을 통틀어 1번으로 주문이 들어가야 매수에 성공할 가능성이 조금이라도 높아집니다. 장전시간외 매수주문은 미래에셋대우, 대신증권, 한국투자증권의 경우 8시 20분에 들어가고, 키움증권의 경우는 8시 29분 57초에 들어갑니다. 8시 20분에서 8시 30분 사이에 들어온 각 증권사의 장전시간외 주문은 모두 취합되어 8시 30분에 증권 전산시스템으로 동시에 들어갑니다. 최근에는 장전시간외에 전일 시간외단일가에서 상승한 종목의 매도가 거의 나오지 않지만, 저는 매일 아침 7시면 컴퓨터 앞에 앉아 시황뉴스들을 읽어보고 시간외단일가 상승 종목 위주로 장전시간외 주문을 넣고 있습니다.

오늘은 8시 20분 전에 "남북 산림 협력 속도 낸다. 산림청에 남북산림협력단 신설"이란 제목의 연합뉴스 기사가 HTS에 올라왔습니다. 이와 더불어 어제 미국 시장도 조금 내렸기에 혹시나 매도가 조금 나올까 하고 장전시간외로 관련주인 〈이건산업〉 5,000주와 〈한솔홈데코〉 3만주를 주문했습니다. 8시 39분쯤 누군가가 매도한 덕분에 운 좋게 〈이건산업〉

5,000주 매수에 성공했고, 장전시간외 전용 계좌로 잡힌 것을 장 시작 후 상승할 때 매도하여 8.4% 정도 수익을 냈습니다.

〈유신〉이란 종목은 아침에 파이낸셜 뉴스에서 "유신 남북철도사업 첫 수주 상장사 되나"라는 핫한 제목의 기사를 올린 덕분에 오늘 점상한가로 출발했습니다. 저는 분할 매수로 몇 백주만 잡았습니다. 오늘은 거래량이 많지 않기 때문에 상한가에 1,500주 이하의 적은 수량으로 매수주문을 냈다면 처음에 100주를 매수하지 못했을 것입니다. 시간 우선과 수량 우선의 원칙에 의해 건당 가장 많은 수량을 상한가에 주문한 순서대로 100주를 배분하는 시스템이기 때문입니다.

어떤 종목이 당일 상한가로 출발한다고 가정하면 동시호가(장이 시작되기 전 8시 20분부터 9시 이전의 주문)에서 엄청난 매수주문 건수가 상한가에 들어오게 되는데, 그중에서 가장 많은 매수주문 수량에 대해 100주씩 순서대로 나누어 줍니다. 하루 종일 상한가를 유지한다고 가정하면 매수주문 수량이 많은 건수부터 100주씩 배분하는 수량 배분의 원칙을 따르는 것이지요.

상한가 매도물량이 나왔을 때 매수 배분 순서는 100주, 500주, 1,000주, 2,000주, 잔량의 절반입니다. 상한가에서 매도물량이 출회되면 매수주문 수량이 많은 건수부터 순서대로 100주씩 배분하고 그다음에는 500주씩 또 분할로 배분하는 구조입니다. 초보자들은 이해하기 어려울 수도 있지만 2만원 하는 주식의 상한가 잔량이 1,000만주 이상이고 당일 거래량이 5만주라고 가정하면, 상한가에 최소 몇 만주는 매수주문을 넣어야 100주라도 받을 수 있다는 뜻입니다. 그러니 당일 거래량이 아주 소량인 소액투자자들은 매수할 수 없으므로 상한가에 매수주문을 할 이유가 없겠지요?

장 시작 후 수익 난 금액은
무조건 지켜라

대부분의 투자자들이 계좌에 찍힌 수익금이 지난달 금액을 넘어서면 '그래, 이번 달은 최고치로 달려보자!'라고 마음먹고 미수 신용으로 베팅합니다. 그러나 초보자라면 한순간 나락으로 떨어지는 것이 주식시장입니다. '90만원을 벌었으니 10만원만 더 벌어서 100만원을 맞춰야지.' 혹은 '950만원을 벌었으니 50만원만 더 벌어서 1,000만원만 맞추자.' 등의 생각을 하는 순간, 투자자의 멘탈은 서서히 붕괴됩니다.

　돈 조금 더 벌려다 잦은 매매로 곳간에 곶감 빼먹듯이 수익금을 조금씩 잃게 되지요. 그러다가 수익금의 삼분의 일, 절반을 시장에 반납하는 순간 이성을 잃어버리게 됩니다. 오후 3시 30분 장 마감 후, "정말 내가 왜 그랬을까?" 하고 머리를 쥐어박으면서 멍하니 모니터만 바라보는 사람도 많을 것입니다. 전업투자자든 직장인 투자자든 단기매매를 할 경우, 하루에 목표금액을 정하고 오전장에 수익이 나면 무조건 그 금액을 지키고 더 이상 매매하지 않는 습관을 길러야만 합니다. 작지만 이런 습관은 몸에 배면 한 달, 두 달, 한 해, 두 해 지나가며 엄청난 숫자의 계좌잔고로 돌아옵니다.

전업투자자를 꿈꾸는 젊은이들이 인스타그램에서 DM으로 보내온 질문 중에 "열심히 공부하고 노력하면 주식투자로 성공할 수 있을까요?"라는 내용이 있었습니다. 아직도 주식시장을 보는 우리 사회의 시선은 그리 좋지 않습니다. 남들이 볼 때 꼭 백수처럼 보일뿐더러, 성공하지 못한 주식투자자는 어디 가서 명함도 내밀지 못합니다.

아무런 지식도 없이 남들에게 귀동냥한 것으로 주식투자하겠다는 사람이 있다면 저는 꼭 말리고 싶습니다. 주식투자를 하려면 최소 주식책을 10권 이상 읽어 최소한 차트 보는 법이라도 기본적으로 익히고, 인터넷에서 유튜브로 동영상을 보는 등 스스로 주식공부를 부단하게 해야 합니다. 절대 주식투자를 쉽게 보고 접근하지 말아야 하며, 회사에 열심히 다니면서 본업에 충실하고 주식투자는 부업으로 하는 것이 바람직합니다. 전업투자자의 경우 젊은 나이에 성공하지 못하면 정말 폐인 되기 쉬운 곳이 주식시장입니다.

인스타그램 피드에 수익 많이 냈다고 올리는 사람들의 화려한 외면만 보지 마세요. 그들이 그런 위치에 올라가기까지 어떠한 노력을 기울였을지 한 번쯤 생각해보고, 현재도 미래에도 주식투자로 수익을 얻는 사람보다 손실을 입는 사람이 훨씬 더 많다는 사실을 꼭 기억하기 바랍니다.

많은 직장인들이 경제적 자유를 꿈꾸지만 실상은 그렇지 못하다는 것을 여러분은 잘 알 것입니다.

스캘핑 할 때 장 초반에 손실이 나면
절대 무리하지 마라

• 2019년 1월 4일 •

오늘 제 계좌는 손실로 마감했습니다. 오전장 시작부터 손실이 나면 저는 혼잣말로 주문을 외웁니다. "무리하지 말자! 무리하지 말자! 무리하면 더 큰 손실을 본다! 절대 무리하지 말자." 이러면서 마음을 차분히 다잡곤 합니다.

장 시작 후 일단 손실이 나면 한숨 돌리고 조금 쉬었다가 다시 시장을 보는 것이 좋습니다. 손실이 나면 시장 참여자 누구나 조급해지기 마련이지요. 이때 마인드 컨트롤을 얼마나 잘하는지가 초보자와 경험자의 차이라고 할 수 있습니다.

오늘 코스피 지수를 보면 전날 제가 예상한 대로 정확하게 저점을 터치하고 밑 꼬리를 살짝 단 양봉으로 마감했습니다.

지난 20년 동안 주식투자를 하면서 느낀 것은 신기하게도 주식이 차트에 따라 '과학처럼 움직인다'는 것입니다. 어떤 이들은 차트가 후행성이라고 하지만, 캔들과 이동평균선 그리고 거래량을 확실하게 이해하고 차트를 이용해 주식투자를 한다면 반드시 수익을 낼 수 있습니다.

요즘 테마주가 많이 움직이는데, 테마주란 주식시장에서 큰 이슈나 재료가 발생하면 그와 관련된 동일한 재료로 인해 주가의 등락을 같이하는 종목군을 말합니다.

지금 가장 핫한 테마는 수소차 관련주 테마입니다. 보통 테마주는 한 번 생성되면 1개월에서 3개월 정도까지 상승하다가 조정되는 흐름을 보이곤 합니다. 다른 쪽 주식들은 매일 손실을 거듭하는데 왜 수소차 관련주는 수익이 날까요?

〈이엠코리아〉를 예로 들어보겠습니다. 오늘 장중에 2013년 12월의 고점을 돌파했다가 종가는 많이 밀려서 마감했는데 월봉차트를 보면 역사적인 신고가입니다. 즉, 오늘 오전에는 이 종목을 보유한 사람들이 수

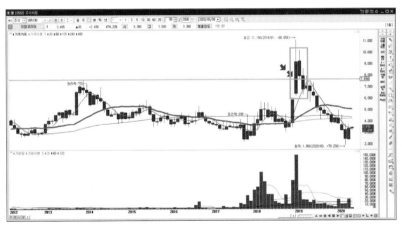

이엠코리아 월봉차트

익을 냈다고 보면 됩니다.

장중에 가끔씩 현재가 창을 보면, 매도호가에 매도물량이 많이 물려 있다가 어느 가격대를 돌파한 뒤에는 매도물량이 없는 구간이 나옵니다. 이 구간에서 대부분 슈팅이 나오고 보통 개인들이 매도물량이 없다고 여겨 이 지점에서 추격매수를 하게 됩니다. 그런데 이 구간이 대부분 주가의 단기 고점이 됩니다.

주식투자를 하면서 느끼는 것은 어떤 주식을 사고 싶은 충동이 강하게 일어나는 그 시점이 바로 고점이라는 것입니다. 매수하고 싶은 충동에 져서 매수주문을 체결하는 순간 100% 실패를 맛보게 됩니다. 이런 기본적인 매수 충동을 억제하지 못하는 사람은 주식투자 시장에서 낙오자가 될 뿐입니다.

누군가는 저 아래에 있는 저가에 주식을 매수했을 것이고, 다른 누군가가 추격매수를 하기 위해 매수주문을 넣을 때 주식을 매도해 수익을 낼 것입니다. 주가가 신고가 부근일 때는 주가가 조정받는 것을 눌림목으로 여기는 대기 매수세가 존재하기 마련입니다. 그래서 한두 달 강하게 테마가 붙은 종목들에 투자할 때는 관심을 가지고 계속 지켜보다가 저점매수, 고점매도로 대응해야 합니다.

테마주에서 대장주가 한 번씩 바뀌는 것은 단기과열종목이나 투자경고종목으로 지정되는 것을 피하기 위해서입니다. 단기과열종목이나 투자경고종목으로 지정되면 미수 거래가 되지 않기 때문에 세력들은 웬만하면 이를 피하려고 합니다. 오늘 투자경고종목으로 지정된 〈이엠코리아〉는 며칠간 조정을 받을 듯합니다. 세력들이 하루나 이틀 조정한 뒤 또 다른 종목을 대장으로 바꾸고 조정한 종목을 상승시킬 테니까요.

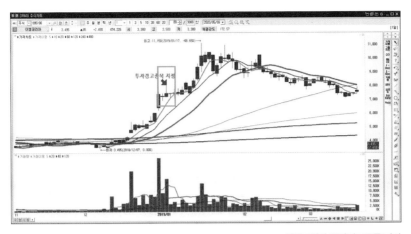

이엠코리아 투자경고종목 지정

이렇듯 주식은 살아 움직이는 생물이라고 생각해야 합니다. 하루에도 고점과 저점이 무려 10% 이상 차이가 나기 때문에 직장에 다니면서 MTS로 매매하더라도 '스탑로스' 기능을 숙지해서 몇 % 이상 수익이 나면 매도, 본전에서 몇 % 이하로 손실이 나면 손절매하는 기능을 최대한 활용해야 합니다.

오랜 실전투자를 통해
단타로 수익 내는 법을 익히다

2000년 초반 주식 초보시절부터 스캘핑 하던 습관이 들다 보니, 지긋이 추세매매를 하는 습관이 들지 않아 스윙투자를 잘 못합니다. 정말 '내가 아는 지식대로만 매매했다면 엄청난 돈을 벌 수 있었는데.' 싶기도 합니다. 이런 아쉬움이 있었기에 제가 가진 모든 지식을 젊은 피가 흐르는 제 자들에게 전수하고 싶었습니다.

그러던 차에 우연한 기회로 주식강의를 시작하게 되었는데, 제가 주식 초보시절에는 주식투자 교육을 하는 강의가 없어서 주식을 배우려고 직접 전국의 고수들을 찾아다녔습니다. 주식투자로 성공하려면 그야말로 피나는 노력을 해야 한다는 사실은 다들 알고 있을 것입니다. 아무리 주식책을 읽고 주식카페에 가입해서 공부해도 이 시장에서 이길 수 있는 정확한 지식을 습득하기란 사실 쉽지 않습니다.

그런 측면에서 보면 주식시장에서 실전투자 경험보다 중요한 스승은 없을 것입니다. 그간 20년 가까이 데이트레이딩을 하면서 모니터 앞에 앉아 현재가와 호가를 보고 또 보고, 추격매수도 해보고 또 손절매도 수없이 하면서 울기도 하고 웃기도 했습니다. 이렇게 날마다 하루 종일 모니터를 쳐다보면서 얼마나 많은 것을 느끼고 또 배웠을까요? 2008년부터 2010년까지 주식시장이 한창 좋을 때는 하루에 매수·매도 약정금액이 50억에서 100억 정도였으니, 하루에 매수·매도를 합쳐서 50억만 약정으로 계산해도 한 달에 1,000억, 1년에 1조 2,000억을 매매한 셈입니다. 매매할 때 한 번만 지불하는 증권거래세만 해도 1억당 30만원으로 계산하면 1조 2,000억이니 그 절반인 6,000억에 대해 1년에 18억씩 낸 듯합니다.

최근 들어 2020년 이후 증권거래세를 폐지하고 종합소득세 부과 쪽으로 간다는 기사가 나오는데, 증권거래세를 폐지하면 스캘퍼들이 매매 횟수를 더 많이 늘릴 것 같기도 합니다. 하지만 되도록 거래를 적게 하면서 수익 내는 방법을 연구하는 것이 가장 현명한 투자 방법입니다.

꼭 스캘핑이 아니더라도 직장에 다니면서 1주일 정도 단위로 단기 스윙매매를 하는 것도 주식시장에서 수익을 내는 좋은 투자 방법이라고 생각합니다. 1주일 내지 2주일 안에 종목을 매수해서 승부를 보려면 스스로 많이 공부해야 하며, 조건검색식 등으로 자신이 원하는 종목을 검색할 정도로 실력을 쌓아야 합니다.

우리나라 시장은 사실 중장기 스윙매매에는 적합하지 않습니다. 스윙매매로 고수익을 내기 위해서는 거래소 종목보다는 코스닥 종목의 특성을 잘 이해해야 합니다.

거래량을 대량 수반하고 시장에서 이슈를 몰고 다니며 상한가에 진입한 종목은 하루나 이틀이면 고점을 찍고 주가가 기간조정을 받습니다. 직장인 투자자라면 조건검색식을 공부해서 이런 종목을 검색해 관심 종목에 넣어두고, 최소 2주일 이상 기간조정을 받은 종목 위주로 이동평균선 부근에서 지지가 되면서 일봉차트에서 최소 거래량이 나타나는 날부터 분할로 매수해서 반등이 나오는 날 매도하는 방법으로 단기간에 수익을 내는 기법 등을 연구해야 합니다.

주식투자의 기본,
손절매는 과감하게 하라

• 2019년 8월 28일 •

누구나 주식을 시작할 때 추격매수는 절대 하지 않겠다고 마음먹습니다. 하지만 현실은 늘 마음먹은 대로 흘러가지 않지요. 이것은 자신이 스스로 깨닫고 깨우치지 않는 한, 주위에서 아무리 이야기한들 절대 바뀌지 않는 부분이기도 합니다.

주식 초보자들이 가장 많이 하는 질문은 "종목 선정을 어떻게 하면 됩니까?"라는 것입니다.

이것은 주식투자를 하는 사람이라면 누구나 가장 궁금해하는 내용일 것입니다. 이 질문에 대한 답은 각자 자신의 매매패턴에 따라 조금씩 달라지지 않을까 하는 생각이 듭니다.

스캘퍼라면 무조건 현재 시장의 핵심 테마주, 거래량이 증가하면서 사회적 이슈가 있는 종목 위주로 선정하면 될 것이고, 중장기 투자자라면 일봉차트에서 5일 이동평균선과 20일 이동평균선이 골든크로스를 이루는 정배열 초기 종목들 위주로 스윙매매를 하면 될 것입니다. 지금 제약 바이오주들이 이러한 과정에 있으며 〈셀트리온제약〉, 〈셀트리온헬스케어〉, 〈영진약품〉 등 많은 종목들이 현재 이런 위치에 있습니다.

보유한 종목의 손실이 커서 손절매하지 못하는 주식투자자도 많을 것입니다. 하지만 손실이 크다고 해서 손대지 않고 그대로 둔다면 주식을 방치하는 것과 무엇이 다를까요?

저는 주식투자의 가장 기본은 '손절매'라고 생각합니다. 손실이 20%면 20%, 30%면 30%에서 과감하게 자를 수 있어야 합니다. 성격이 우유부단해서 늘 '자를까? 말까?' 망설이며 손절매하지 못하는 사람이라면 주식투자를 하지 않는 것이 좋습니다.

수익이 나고 있을 때는 자만하지 말고, 손실을 보고 있을 때는 한걸음 뒤로 물러나서 시장을 바라보세요.

스캘퍼라면 장 시작 후 손실이 크게 나면 당일에는 회복하기 힘들다는 것을 매일 경험할 것입니다. 하지만 모든 스캘퍼들이 그 사실을 알면서도 혹시나 하는 기대감으로 지금도 매매를 진행하고 있습니다. 오후 3시 반에 장을 마감하고 나서 계좌 잔고가 계속 줄어드는 것을 꼭 직접 경험해봐야만 알까요? 유리 멘탈을 단단한 강철 멘탈로 빨리 바꾸지 않으면, 정말 시간만 낭비하고 다람쥐 쳇바퀴 도는 듯한 생활을 몇 년간 지속하기 쉽습니다. 굳이 경험하려고 하지 마세요. 힘들어도 자신의 나쁜 습관을 최대한 빨리 버리고, 오전장에서 수익이 나면 무조건 그 금액을 지키는 매매패턴으로 꼭 바꾸세요.

아직도 주식시장에서
기도매매를 하다니?

주식시장 참여자들 중 많은 수가 스캘핑으로 날마다 수익 내기를 꿈꿉니다. 하지만 스캘핑으로 수익을 내기란 사실 쉽지 않습니다. 항상 강조하는 부분이지만, 주식을 매매할 때 초보투자자들이 매수하고 싶어 하는 구간은 현재가 체결창이 빨간색으로 어서 매수하라고 유혹하는 고점 구간이라는 것입니다.

대부분의 사람들이 이 구간에서 충동적으로 매수하는데, 아이러니하게도 내가 매수하고 나면 마치 머피의 법칙처럼 주가는 다시 내리막길로 접어듭니다. 빨리 손절매라도 할 수 있다면 다행이지만, 보통 개인투자자들은 마음속으로 '다시 오르겠지! 오를 거야!' 하고 기도하는 매매방식, 즉 기도매매를 반복합니다. 자신의 감정을 억제하고 인내하며 눌림목 구간에서 매수 타이밍을 잡는 사람과 추격매수로 고점에 매수하는 사람의 계좌는 시간이 지나면서 금액에 엄청난 차이를 보이게 됩니다.

이 내용은 제가 인스타그램 피드에서 매번 언급하는 것이기도 한데, 아무런 노력이나 공부도 하지 않으면서 주식시장에서 공짜 수익을 바라서는 안 됩니다. 주식을 접한 초기에 시장 상황이 좋아서 수익이 나더라도, 결국엔 수익금은 물론이고 원금까지 다 까먹고 패가망신하는 곳이 주식시장이라는 사실을 깨달은 사람들도 많을 것입니다. 운으로 얻은 수익금은 결국 주식시장이 하락하면 바람처럼 허공으로 사라지게 되어 있습니다.

지금부터라도 마음속으로 참을 인(忍) 자를 하루에도 몇 번이고 쓰면서 자신의 잘못된 습관을 고치지 않는 한 계좌는 절대 플러스로 전환되지 않습니다.

스캘핑을 하고 싶다면 먼저 10만원이든 100만원이든 소액으로 매매를 지속하면서 수익을 낼 수 있는 매매기법부터 만들고, 투자금액을 점차 늘려가세요. 물론 이렇게 되기까지는 정말로 부단한 노력과 공부가 필요하며, 실전 매매 감각과 패턴을 많이 익힐 필요가 있습니다.

누군가 이런 말을 했지요.

"변화를 두려워하면 성공하기 어렵다."

직장생활을 한 기간이 길면 길수록 변화를 두려워합니다. 그 이유는 생존 능력을 잃어버렸기 때문이기도 하고 미지의 세계를 두려워하기 때문이기도 합니다. 그러나 무엇보다도 큰 이유는 자기 자신의 능력을 믿지 못하기 때문입니다. 이것을 반대급부로 말하면, 누구나 지금부터 노력한다면 변화의 가능성은 충분하다는 말과 같지 않을까요?

종합시황 창만 제대로 봐도
수익을 낼 수 있다

• 2019년 7월 25일 •

어제 아침부터 개인투자자들이 주로 매매하는 코스닥 시장이 저점을 계속 갱신하면서 우하향하고 있습니다. 650포인트가 깨지고 나면 이제 작년 10월 저점인 617포인트 부근까지도 하락할 가능성이 있으니, 올여름에는 무조건 관망하면서 소극적으로 주식시장에 대응해야 할 듯합니다.

밤사이 김정은이 동해상에 미사일을 발사하면서 대북주들은 전반적으로 조금씩 하락했고, 〈삼성바이오로직스〉가 신저가를 갱신하면서 바이오주의 분위기도 싸늘하게 흘러가고 있습니다. 시장에서 거래가 터지는 몇 종목을 제외하면 매매할 종목이 없으니 전업투자자들은 요사이 거의 개점휴업 상태라고 할 수 있을 듯합니다.

오랜 시간 전업투자자로 지내면서, 휴가가 시작되는 7월 중순 이후부터 추석 부근까지가 주식시장에 정말 겸손해지는 시기라는 사실을 알게 되었습니다. 매달 똑같이 나가는 지출을 메꾸기 위해 돈을 더 벌어야겠다고 무리하게 마음먹으면 고점에 추격매수를 하게 마련이고, 하락장세인데도 불구하고 무리수를 두다 보면 손실폭만 커집니다. 그걸 알기에 저는 요즘도 매일 모니터 앞에서 마음속으로 마법의 주문을 외우곤 합니다.

'무리하지 말자. 무리하지 말자. 때를 기다리며 기회가 올 때까지 시장

미래에셋대우증권 순간체결량 설정 화면

에 순응하자.'

오전장에서 매매할 것도 별로 없고 해서 메이저리그 야구를 보고 있는데, 컴퓨터에서 갑자기 땡땡땡 소리가 났습니다. 순간체결량검색(미래에셋대우증권 화면번호 0553)에서 체결강도가 140 이상 되는 종목이 검색되면 소리가 나게 조건을 설정해두었는데, 〈엠아이텍〉이란 종목에 정적VI가 발동되어 있었습니다. 종목시황 창을 열어 보니 "세계적 기업에 주목받는 엠아이텍"이라는 기사에 정적VI가 걸려 있었습니다.

기사 제목으로만 보면 정적VI 발동 후 주가가 바로 상한가로 진입해야 하는데, 자세히 읽어 보니 "회사는 매각 의사가 없음을 분명히 하고 있지만…."이라는 문구가 있었습니다. 옥에 티라고나 할까, 이 문구 때문에

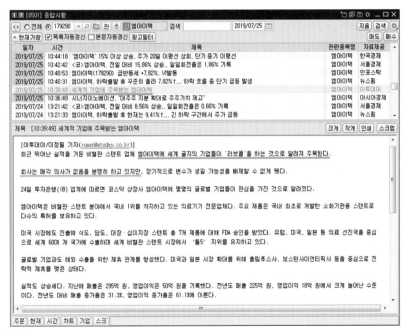

엠아이텍 종합시황 창 기사

상한가로 곧장 진입하지 못했던 것입니다.

이 종목을 매매하는 누군가는 고점에서 사서 물렸을 것이고, 시황매매를 아주 능숙하게 하는 누군가는 이 종목에서 고수익을 냈을 것입니다. 이처럼 똑같은 종목에서도 어떤 사람은 큰 수익을, 어떤 사람은 큰 손실을 볼 수 있습니다. 시황매매를 하려면 주식시장에서 쌓은 오랜 경험과 노하우가 꼭 필요합니다. 이것은 정말 돈으로 환산할 수 없는 자산이니 주위에 고수가 있다면 노하우를 꼭 한번 배워보기 바랍니다. 초보자에게는 가장 어려운 매매일 수도 있지만 제게는 가장 자신 있게 할 수 있는 매매가 시황매매입니다. 전업투자자라면 시황매매를 하지 않더라도 종합시황 창 화면은 필히 볼 줄 알아야 합니다.

당일 종합시황 창을 통해 나오는 기사나 보도자료 등은 스캘퍼들의 거래량을 급증시키기도 하고, 호재를 다룬 기사와 관련된 주들은 시장의 핵심 주도주가 되기도 합니다. 종합시황 창에 나오는 뉴스의 중요성을 꼭 기억해두기 바랍니다.

변동성완화장치(VI) 제도

변동성완화장치(VI)란 개별 종목에 대한 가격안정화장치다. 주문실수, 과도한 매수/매도세 유입 등과 같이 주가가 급변할 경우에 냉각기간(2분간 단일가매매)을 부여하여 투자자들의 주의를 환기하는 제도다.

- **종류**: 2가지(정적VI, 동적VI)
- **정적VI**: 시초가 대비 ±10% 변동폭이 있는 경우 2분 동안 동시호가 매매로 전환 후 체결
- **동적VI**: 순간적인 수급 불균형으로 코스피200 종목의 경우 ±3%, 코스닥 종목의 경우 ±6% 주가의 급변동이 있을 때 2분간 동시호가 매매로 전환 후 체결

구분		주식	
		KOSPI200 구성 종목	유가 일반 종목, 코스닥 종목
동적VI	접속 매매시간 (09:00~15:20)	3%	6%
	종가단일가 매매시간 (15:20~15:30)	2%	4%
	시간외단일가 매매시간 (16:00~18:00)	3%	6%
정적VI	정규시장 모든 세션	10%	

변동성완화장치(VI)에 대해 사례별로 알아보자.

동적VI

오전 10시, A종목(동적VI 발동가격률 3%)의 현재가는 1,000원, A종목의 매도주문이 다음과 같이 쌓여 있다.

1,030원 – 100주
1,020원 – 300주
1,010원 – 500주
1,000원 – 현재가

투자자가 A종목에 시장가로 1,000주 매수주문을 내면, 한 번의 주문으로 인하여 가격이 3% 급변동하게 된다. 이 경우에 동적VI가 발동된다.

정적VI

오전 11시, B종목(정적VI 발동가격률 10%)의 시가는 1,000원, 장 시작 후 B종목이 조금씩 올라 아래와 같이 현재가가 1,070원이다.

1,100원 – 10% 기준
1,090원 – 9% 기준
1,080원 – 8% 기준
1,070원 – 현재가

잠시 후 종목이 추가 상승하여, 10% 기준인 1,100원에 도달하는 순간 정적 VI가 발동된다.

시황매매,
주식 초보라면 소액으로 연습부터 하라

• 2019년 2월 13일 •

오늘의 매매일지

종목 | SBI인베스트먼트(019550)

이슈 | 2,000억원 투자로 시총 뛰어넘는 투자금 회수 → 호재

흐름 | 특징주가 나오자마자 주가 급등

결론 | 종합시황 창에서 뉴스 제목을 보고 빠른 판단을 내려야 한다.

오늘은 시장에 특별한 호재나 이슈가 없어서 9시 장 시작부터 스캘핑 할 종목이 거의 없기에 쉬어가자고 마음먹었는데, 종합시황 창에 좋은 기사가 나와서 시황매매를 했습니다.

다른 종목들은 크게 수익이 나지 않았고 〈SBI인베스트먼트〉가 그야말로 '원샷 원킬한' 시황매매였습니다. 오전 10시 13분에 "SBI인베스트 2,000억 투자결실… 시총 넘는 투자금 회수 기대감"이라는 제목의 특징주 기사가 나왔습니다. 시황매매를 잘하려면 기사의 제목을 보고 이것이 어느 정도로 임팩트 있는 재료인지를 재빨리 판단할 수 있는 능력이 필요합니다. 시황매매에 많은 경험과 노하우가 필요한 이유도 바로 이 때문이지요.

지난 20년간 주식투자를 하면서 가장 자신 있고 수익도 가장 많이 낼 수 있는 매매가 시황매매라, 저는 기사에 나온 이 특징주 제목만 보고 망설임 없이 순간적으로 매수 버튼을 눌렀습니다. 대부분의 투자자들이 특징주의 내용을 꼼꼼히 읽어보고 나서 내용이 좋다 싶으면 매수하려고 듭니다. 하지만 시황매매는 그런 시간 여유를 절대 허락하지 않습니다. 종합시황 창에 뜨는 종목의 제목이 좋으면 스캘핑 초고수들이 거의 시장가에 매수하기 때문에 정말 빠른 순발력을 요하는 매매가 시황매매입니다.

요사이 시장 상황이 그렇게 좋지는 않아 어제 한 번에 스캘핑 하는 금액을 3,000만원에서 2,000만원으로 세팅했더니 오늘 같은 날은 좀 아쉽네요. 〈SBI인베스트먼트〉 기사가 나오고 정적VI가 들어가는 그 짧은 순간에 매수금액 2,000만원씩 네 번 주문해서 매수했고, 정적VI 마감 후 조금씩 분할 매도했습니다.

시황매매란 주식 HTS의 종합시황 창에 좋은 기사가 나오면 그것을 보

	[0612] 당일매매일지										🔲🗖⊡◻☆ _ □ X

당일매매일지	기간별매매일지	기간종목별매매일지	기간종목별상세	월별손익현황	전일대비평가손익	일자별평가손익

170-	▼	강창권	∗∗∗∗	기준일	2019/02/13 📅	☑ 매매비용포함	□ 매수에 대한 매도			기간별	종목별	⬍ 도움말	조회

금일 매수금액	722,104,826	출금가능금액	331,153,607	예수금	331,153,607	총 매매비용	2,503,591
금일 매도금액	783,397,771	D+1 정산금액	62,527,880	D+1 추정예수금	393,681,487	총 손익금액	20,840,704
금일 정산금액	58,789,354	D+2 정산금액	-47,692,187	D+2 추정예수금	345,989,300	총 수익률	2.73

종목명	잔고수량	잔고평균단가	금일매수			금일매도			매매비용	손익금액	수익률
			수량	평균단가	매수금액	수량	평균단가	매도금액			
크라운해태홀딩스우	0	0	500	15,400	7,700,000	500	15,200	7,600,000	24,318	-124,318	-1.61
한솔PNS	0	0	6,000	1,585	9,510,000	6,000	1,583	9,498,000	30,384	-42,384	-0.44
SBI인베스트먼트	0	0	104,455	789	82,469,206	104,455	887	92,708,226	295,605	9,943,163	12.01
광진실업	0	0	0	0	0	10,220	3,853	39,381,720	125,879	1,086,797	2.84
비트컴퓨터	7,000	5,654	49,864	5,397	269,129,670	42,864	5,571	238,804,420	763,448	8,491,345	3.69
대성미생물	0	0	0	0	0	500	19,250	9,625,000	29,835	-54,835	-0.57
옴니시스템	0	0	0	0	0	7,000	2,330	16,310,000	52,199	-139,699	-0.85
인피니트헬스케어	0	0	17,626	6,746	118,910,410	17,626	6,867	121,049,420	387,138	1,751,830	1.47
흥국	0	0	23,472	4,867	114,258,300	23,472	4,878	114,503,565	366,373	-121,110	-0.11
동방선기	0	0	0	0	0	5,051	2,556	12,913,845	41,352	-439,367	-3.29
코라아에프티	0	0	10,112	3,102	31,372,480	10,112	3,167	32,030,725	102,426	555,822	1.77
내츄럴엔도텍	0	0	2,836	10,050	28,501,800	2,836	10,250	29,069,000	92,949	474,251	1.66

• 당일매매일지는 최근 1년 데이터만 조회 가능합니다.

주문	체결	현재	시간	차트	MA2795 조회가 완료 되었습니다. [18...18]

장 시작 후 시황매매한 SBI인베스트먼트 매매일지

고 매매하는 것입니다. 노파심에서 말씀드리는데, 제가 올리는 매매일지를 보고 "나도 해봐야지!" 하고 종합시황 창에 기사가 뜨는 아무 종목이나 무조건 매매했다가는 큰 손실을 볼 수 있다는 점을 꼭 명심하세요.

주식투자에서 가장 힘든 매매도, 수익을 가장 크게 낼 수 있는 매매도 시황매매라고 할 수 있습니다. 전업투자자가 되려면 종합시황 창에 나오는 뉴스를 힘들겠지만 되도록 다 읽어봐야 합니다. 다시 한번 강조하지만 시황매매는 정말로 수많은 경험과 노하우가 필요한 매매이므로, 초보자들이 종합시황 창만 보고 기사가 나오는 종목을 아무거나 그냥 매수했다가는 백전백패입니다.

먼저 분차트를 1초 이내라는 짧은 찰나에 확인해야 합니다. 그리고 기사가 나오기 전에 이미 상승폭이 컸다면 선취매가 그만큼 많이 들어와 있다는 뜻이며, 좋은 기사가 난 뒤 곧바로 상승하지 못하면 그 물량들이 매물로 쏟아져나와 내가 매수하는 순간 급락할 수도 있습니다.

주식의 수급, 기사의 내용, 매매 시간이라는 삼박자가 맞아 적절한 타이밍에 기사가 나온다면 종목이 급등할 수도 있지만, 시장 상황이 좋지 않다면 HTS에 나오는 순간 하락으로 반전될 수도 있습니다.

대부분 이런 특징주의 경우 선취매 세력들이 거의 100% 존재한다고 보면 됩니다. 어떤 특징주가 기사도 나오기 전 이미 주가가 2% 이상 상승했다면 선취매 세력들이 있다고 판단하고 매수하지 않는 것이 좋습니다.

기사의 내용이 좋을 경우 선취매 세력들이 기사가 나오는 순간 매도하는 경우도 많고, 또 다른 세력들이 물량을 매수한 후 주가를 상승시키는 경우도 많습니다. 따라서 종합시황 창에 나오는 기사를 보고 본인 스스로가 얼마나 좋은 내용의 기사인지 빨리 분석할 수 있느냐 또한 핵심이라고 할 수 있습니다.

시황매매는 정말로 시장에서 오랜 세월 많은 경험을 쌓아야 알 수 있는 부분이기에 초보자들에게는 절대 권하고 싶지 않은 매매 중 하나입니다. 전업투자자들 중 정말로 시황매매를 해보고 싶다면, 자기가 가진 원금의 10% 이하로 최소 6개월 이상 많은 실전 경험을 쌓은 뒤 수익이 날 때부터 조금씩 투자 금액을 늘리기 바랍니다.

시황매매의 키포인트는
'세계 최초'라는 재료다

• 2018년 8월 22일 •

오늘의 매매일지

종목 ㅣ 매직마이크로(127160)

이슈 ㅣ 세계 최초 5G OBFN 고주파 신호처리 기술 공급 기대 → 호재

흐름 ㅣ 정적VI 발동, 상한가가 예상되어 분할 매수로 대응

결론 ㅣ 세계 최초라는 단어는 주식시장에서 핫한 제목이다. 좋은 제목의
기사 내용은 스캘퍼들의 표적이 된다.

오늘은 종합주가지수가 일봉차트에서 20일선을 돌파했기 때문에 어느 정도 바닥을 확인한 듯 보입니다. 미중 무역전쟁에서 특별한 것이 없다면 2,000포인트 초반을 바닥국면으로 보면 될 듯합니다.

20년 동안 주식시장과 함께하며 알게 된 것이 있습니다. 특별한 이슈나 테마가 없는 한 주식시장에서는 여름이 비수기이고, 주식시장에서 살아남기 위해서는 가장 기본적으로 멘탈을 강인하게 관리해야 하며, 자기만의 원칙을 철저히 지키면서 매매해야 하고, 수익 낼 기회가 오면 확실하게 수익을 내고 수익 난 금액을 잘 지켜야 하며, 수익이 조금 났다고 해서 절대 자만해서는 안 된다는 것입니다.

최근 들어 주식시장에서 특이한 점은 5G 관련주 중에서 알려지지 않은 종목 위주로 특징주가 나와서 강세를 보이고 있다는 것입니다. 5G 관련주의 대장격인 〈오이솔루션〉이란 종목이 신고가를 찍고 다시 며칠간 조정 중인 흐름을 보이고 있으며, 일봉차트에서 20일 이동평균선 이격이 좁혀지고 있어서 이번 주 내에 또 한 번 변곡점이 있을 듯합니다. 이것으로 미뤄볼 때 5G 관련주들 대부분의 추세가 아직 살아 있는 듯 보입니다.

오전장 내도록 시장에 특별한 주도주도 없고 매매할 종목도 없어 쉬는데, 오후장에 〈매직마이크로〉라는 종목이 종합시황 창에 특징주로 나왔습니다. 종목을 클릭하는 순간 이미 정적VI가 발동되었기에 내용을 읽어보니 '세계 최초'라는 단어도 들어가고 일봉차트도 바닥권인 듯싶어, 잘하면 상한가로 갈 수도 있겠다고 생각하고 분할 매수로 대응했습니다.

전업투자자를 제외하면 시황매매를 하는 사람이 많지 않겠지만, 주식의 모든 시세는 종합시황 창에서부터 시작한다고 해도 과언이 아닙니다. 그만큼 종합시황 창에 나오는 내용은 되도록 꼼꼼히 읽어야 합니다.

[0501] 종합시황

127160 관 총 매직마이크로 검색 2018/08/22 지움 검색

현재가창 목록자동갱신 본문자동갱신 광고필터 매도 매수

일자	시간	제목	관련종목명	자료제공
2018/08/22	17:41:51	(주)매직마이크로 (정정)최대주주 변경을 수반하는 주식 담보제공 계약 체결	매직마이크	코스닥공시
2018/08/22	16:04:25	[특징주] 매직마이크로, 10조 5G 시장… 세계 최초 5G 12GHz 통신칩 개발 ' ↑	매직마이크	이투데이
2018/08/22	16:03:45	매직마이크로, 세계 최초 5G 12GHz OBFN 통신칩 개발	매직마이크	이투데이
2018/08/22	14:41:35	[한경로보뉴스] '매직마이크로' 10% 이상 상승, 전일보다 거래량 증가.	매직마이크	한국경제
2018/08/22	14:33:25	<코>매직마이크로, 전일 대비 10.00% 상승.. 일일회전율은 0.62% 기록	매직마이크	서울경제
2018/08/20	08:44:38	장 마감 후 주요 공시-17일	매직마이크	머니투데이
2018/08/17	19:54:02	장 마감 후 기업공시[8월 17일]	매직마이크	서울경제
2018/08/17	19:49:54	[코스닥 공시] 셀바스AI / 인크로스 / 매직마이크로 등	매직마이크	매일경제
2018/08/17	19:21:52	매직마이크로, 장원 단독 대표이사 체제로 전환	매직마이크	NSP통신
2018/08/17	17:11:21	매직마이크로, 장원 대표이사 체제로 변경	매직마이크	이데일리
2018/08/17	17:05:53	매직마이크로, 장원 대표 체제로… 양경원 대표 사임	매직마이크	머니투데이

제목 [16:04:25] [특징주] 매직마이크로, 10조 5G 시장…세계 최초 5G 12GHz 통신칩 개발 ' 크게 작게 인쇄 스크랩

[이투데이/김우람 기자(hura@etoday.co.kr)]
국내 통신사들이 10조원대 5G인프라 투자에 맞춰 관련 글로벌 업체들까지 수주를 위해 각축전을 벌이고 있는 가운데 매직마이크로가 세계 최초로 5G 12GHz 대 OBFN(빔형성장치) 통신칩을 개발했다는 소식에 상승세다.

22일 오후 2시36분 현재 매직마이크로는 전일대비 4.44% 상승한 4700원에 거래 중이다.

이날 매직마이크로는 5G 12GHz OBFN 통신칩 구현에 성공했다며 상용화 수준으로는 세계 처음이라고 밝혔다.

데모 버전까지 만들어놓은 상태이며 현재 국내 이동통신사와 계속해 미팅 중인 매직마이크로는 12GHz 성공으로 28GHz 통신칩 개발도 가까워졌다고 덧붙였다.

한편, 앞에제로, KT, LG유플러스 등 이통 3사는 5G 인프라를 강화하는 한으로 5년 내 10조원대 투자를 진행할 방침이다. 초도 물량만 1조원대…

주문 현재 시간 차트 기업 스크

매직마이크로 종합시황 창 기사

〈매직마이크로〉의 기사 제목인 "매직마이크로, 10조 5G 시장… 세계 최초 5G 12GHz 통신칩 개발"에는 '세계 최초'라는 단어가 포함되어 있습니다. 시황매매를 하면 제목만 읽고서 일단 매수주문부터 넣고 그다음에 내용을 읽게 되는데, 기사를 쓴 기자가 스캘퍼들의 매수 심리를 자극하도록 제목을 잘 잡은 것 같습니다.

시황매매를 하다 보면 똑같은 내용의 기사라고 할지라도 제목 한 줄에 따라서 매수세 강도에 엄청난 차이가 난다는 것을 느낄 수 있습니다. 시황매매 시 1분봉 하나의 캔들 속에서도 60초라는 시간 동안 눌림 자리인 매수 급소를 잘 찾아서 매수해야만 고점에서 물리지 않고 수익을 낼 수 있을 것입니다.

전환사채 추가 상장은
악재로 작용한다

• 2019년 5월 15일 •

오늘은 아침 일찍부터 5G 대장주인 〈오이솔루션〉이 급등하는 바람에 5G 관련주들이 급등하는 흐름을 보였습니다. 좋은 리포트가 나오면서 금일 상한가까지 진입했습니다. 이 경우 만약 내일 강한 슈팅이 나온다면 일단 고점에 매도하는 것이 좋습니다. 그러나 거래량이 터지면서 15% 이상 슈팅이 나오면 단기 고점일 확률도 있으므로 스캘핑을 하더라도 추격매수를 하는 것은 신중히 결정해야 합니다.

거래소보다는 코스닥 종목들 대부분이 상승으로 마감했고, 어제 거래량이 대량으로 터진 〈국일제지〉 차트에서는 전고점에 대한 물량 부담으로 조정받는 캔들의 모습이 나왔습니다. 바닥에서 워낙 많이 오른 종목이라 신규로 접근할 경우 스캘핑 외에는 안 보는 것이 건강에 좋을 것 같네요. 이날 장후시간외 공시에서 전환가액 590원에 물량 3,389,830주를 추

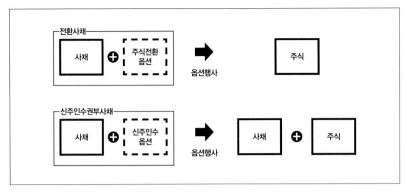

전환사채(CB)와 신주인수권부사채(BW)의 개념 비교(출처: NAVER)

가 상장한다는 공시로 인해 시간외단일가에서 하한가로 진입했습니다.

기업은 자금 조달을 위해 전환사채(CB: Convertible Bond)나 신주인수권부사채(BW: Bond with Warrants)를 발행하는데, 두 상품 모두 기업의 자금 조달 방법을 다양화하기 위해 활용됩니다. 전환사채(CB)의 경우 주식 가격이 상승하면 주식으로 전환할 수 있습니다. CB가 전환권 행사에 의해 '채권'의 지위가 사라지는 반면, 신주인수권부사채(BW)는 신주인수권 행사와 별도로 만기까지 채권이 그대로 존속됩니다. 이런 CB의 경우에는 단기적으로 주가가 오를 때 전환청구권을 행사하는 경우가 많은데, 〈국일제지〉는 현재 가격보다 훨씬 싼 물량을 340만주 가까이 추가로 등록한다는 것이 시장에 악재로 작용해 오늘 시간외단일가에서 하한가로 진입한 것입니다.

오전장 개시 전 매매 시간이 오전 8시 30분에서 8시 40분으로 변경된 후 시간외단일가의 중요성이 더욱 커지고 있습니다. 꼬리가 몸통을 흔드는 격이라고 할까요. 시간외단일가 거래가 플러스로 끝나면 다음 날 시

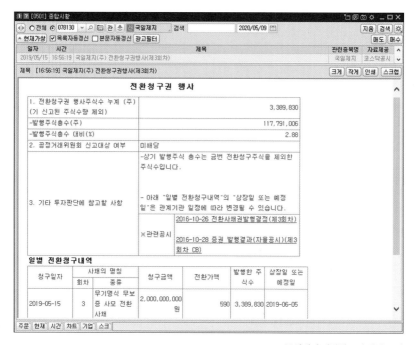

국일제지 전환청구권 행사 공시

초가도 플러스로 시작합니다. 시간외단일가 거래가 마이너스라고 해도 예전 같으면 장전시간외 매매 시간이 1시간(7시 30분~8시 30분)으로 길어서 8시 10분 예상체결호가에 허매수를 넣어 장전 거래에 조금이라도 도움을 받을 수 있었습니다. 하지만 지금은 장전시간외 매매 시간(8시 30분~8시 40분)이 단 10분에 불과해 장전 시간외단일가에서 하락한 종목은 매도하기가 어렵습니다. 시간외단일가 매매가 가능한 투자자라면 시간외단일가에서 하락하는 종목은 웬만하면 전부 그 시간 안에 정리하려고 하기 때문에 시간외단일가가 추가로 하락하게 된다는 점도 알아두면 좋을 것입니다.

관련주가 장후 시간외 대형호재로 상한가 진입 시 시간외단일가 매매로 공략하라

• 2019년 6월 18일 •

오늘의 매매일지

종목 ㅣ 세원(234100)

이슈 ㅣ 중국 합작법인 설립 → 호재

흐름 ㅣ 관련주인 아이에이의 장후시간외 강한 매수세

결론 ㅣ 시간외단일가 상한가 관련 종목을 찾아서 남들보다 빨리 매수하면 수익을 낼 수 있다.

오늘 주식시장은 지난밤 미국 시장의 영향으로 모처럼 대부분의 주식들이 상승세로 마감했습니다. 이번 달 말일에 있을 G20회의에서 트럼프와 시진핑의 만남으로 미중 무역전쟁이 마무리될지, 아니면 장기전으로 이어질지가 가장 큰 이슈 중 하나인 듯싶습니다. 앞서도 언급했듯, 주식시장의 모든 것이 종합시황 창에서 시작된다고 해도 과언이 아닌 만큼 대부분의 전업투자자들이 이 창을 보고 있을 것입니다. 반대로 생각하면 주식투자를 하는 직장인에게는 종합시황 창을 마음대로 보지 못하고, 또 주가가 상승하더라도 이 종목이 왜 상승하는지 알지 못하는 부분 등이 가장 힘들지 않을까 싶습니다.

어떤 종목이 상승할 때는 가장 먼저 포털사이트에 가서 종목 이름을 넣고 검색부터 해봅니다. 그런 다음 네이버증권에 가면 종목토론실이 있는데, 여기에 가서 이 주식을 보유한 사람들의 민심을 훑어보면 무슨 찌라시가 돌아서 주가가 상승하는지 어느 정도 알 수 있습니다.

어제는 〈아이에이〉라는 종목의 3시 20분 시황을 장 마감 이후에 늦게 읽었는데, 장후시간외 매수잔량이 120만주 있기에 혹시나 해서 오후 4시 시간외단일가에서 일단 상한가로 매수주문을 했습니다.

상한가 매수 잔량이 1,000만주인 것을 보고 '개인투자자들이 중국 합작법인이라는 〈아이에이〉의 공시를 대형 호재로 인식하고 있구나!'라고 생각하고는 재빨리 다른 관련주가 없을지 생각해봤습니다.

꿩 대신 닭이라고 이전 기사를 떠올려 보니 〈아이에이〉가 합작투자법인에 같이 지분투자를 한 〈세원〉이란 종목이 생각났습니다. 그간 단일가 시장에서 조금씩 분할 매수하고 있던 종목인데, 한두 타임 만에 바로 상한가에 매수가 체결되기에 상한가에 매수주문을 넣어서 38,000주를 매

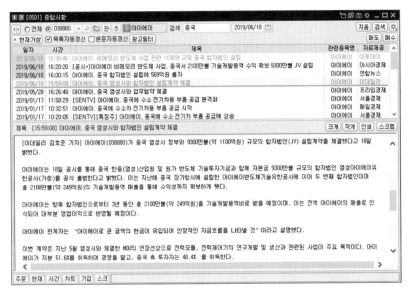

아이에이 종합시황 창 기사

수했습니다.

　시간외단일가에서 호재가 나오는 종목들의 경우 단일가 매매투자자들의 눈치작전이 엄청나게 치열합니다. 주가가 상한가 부근에서 체결되면, 단일가시장에서는 시간 우선의 원칙이 적용되기 때문에 대부분의 투자자가 시간외단일가로 10분마다 체결되는 거래가 끝나자마자 곧장 상한가로 매수주문을 하게 됩니다.

　누군가 큰 매수물량을 상한가에 주문했는데 그 뒤에 내 매수주문이 들어갔다면 오후 6시까지 매수하지 못할 경우도 있습니다. 큰 매수물량 뒤에 따라 들어간 셈이 되기 때문이지요. 따라서 상한가에 진입하겠다는 느낌이 들면 단일가 거래시간에 조금 매수해보는 것도 괜찮은 방법이 아닐까 싶습니다.

물론 초보자라면 무조건 이런 방법을 따라 매매하지 말고 시간외단일가 매매방법도 공부해야 합니다. 시간외단일가 매매방법에 대해서 언급한 주식책은 한 권도 없는 실정인 만큼 경험이 아주 중요합니다.

다음 날인 오늘 〈아이에이〉는 상한가로 출발했고, 〈세원〉도 시가 연장이 들어가면서 시초가가 +19% 가까이 갭 상승하며 출발했습니다. 이런 종목은 어제 시간외단일가에서 상한가로 매수해 시초가 부근에서 거의 다 매도하는 것이 정답이겠지요.

오전에 1억주 이상 상한가에 매수주문이 들어왔던 〈아이에이〉는 상한가로 출발해서 장대음봉으로 마감했는데, 저런 장대음봉 캔들이 발생하면서 대량거래가 터지는 종목은 장대음봉 캔들 속에 투자자들 대부분이 물려 있기 때문에 당분간 주가가 상승하기 힘들다고 보면 됩니다. 인스타그램 피드에서 제가 항상 이야기하듯이, 시간외단일가에서 시초가가 +10% 이상 갭 상승한 종목을 매수하는 것은 자신의 계좌에서 무조건 손실을 보겠다는 것과 똑같습니다. 시초가가 +7% 이상 갭 상승하면 무조건 매매할 것이 아니라, '내 종목이 아니다.'라고 생각하고 절대 보지 말고 패스하세요.

최근에 강세를 보였던 〈부방〉이란 종목을 보면 어제 장 마감 이후 단기과열예고가 나왔습니다. 따라서 오늘 종가가 보합 이상에서 마감되면 단기과열종목으로 지정돼 내일부터는 30분마다 매매하게 되는데, 세력들이 동시호가 창에 주가를 딱 보합으로 맞춰 시간외단일가 시장에서 지금 상승 중입니다.

이런 종목도 보합으로 마감할 경우 장후시간외로 빠르게 매수주문을 넣는 기술을 습득하면, 장후시간외에 매수세가 강할 때 남들보다 빨리 매수주문을 넣어 매수하면 시간외단일가에 매도해도 수익을 낼 수 있습니다.

주식시장에는 이처럼 매매의 기술이 무궁무진합니다. 그렇기에 초보자라면 더욱 지속적으로 공부해야 합니다. 학창시절 아버지가 공부하라고 하실 때마다 정말 지겨웠는데, 지금 제가 여러분에게 주식공부 열심히 하라는 이야기를 계속 되풀이하네요.

인생에서 무언가를 얻기 위해서는 노력해야 한다는 것을 누구나 잘 알고 있습니다. 그런데 나는 분명히 최선을 다해 노력하고 있는데 그에 반해 결과나 성과가 현저하게 작게 나올 때 지금 현재의 내 노력에 회의감이 들 때가 있을 것입니다.

천재는 노력하는 사람을 이길 수 없다고 하고 노력하는 사람은 즐기는 사람을 이길 수 없다고 합니다. 적절한 밸런스를 유지하면서 공부하고 중요한 것은 지금 현재 내가 하는 일이나 분야에 대해서는 최소한 즐겁게 일할 수 있는 마음과 꾸준한 노력 그리고 개인적인 역량이 필요하다는 것입니다.

최고가 되기 위해서 여러분이 가진 모든 지식을 활용해야 합니다. 주식 인생의 성공 여부는 오로지 여러분 자신에게 달려 있습니다.

참고 인내하고 노력해가는 것이 인생입니다. 희망은 언제나 고통의 언덕 저 너머에 기다리고 있을 것이고 여러분의 의지와 노력은 언젠가 성공의 결과로 보답할 것입니다.

테마주가 형성되는 기간에는
시간외단일가 시장도 중요하다

• 2020년 1월 22일 •

오늘 새벽 중국 우한발 폐렴이 미국까지 상륙했다는 뉴스가 나오면서 폐렴 관련 테마주들이 대부분 갭 상승세로 시작했습니다. 경고종목이나 단기과열종목 지정 예고가 나온 기존 대장주 역할의 〈오공〉, 〈고려제약〉, 〈진매트릭스〉 등은 장중 조정을 보였고 새로운 마스크 관련주인 〈국제약품〉, 〈모나리자〉 등이 초강세를 보였습니다. 이렇듯 테마의 대장주들이 단기간에 급등했다 싶으면 이제 잠시 조정을 받을 수 있다고 판단하고, '다른 종목이 대장을 할 수 있겠구나.' 하고 생각해야 합니다.

이전까지는 잠잠했던 〈모나리자〉 같은 종목이 마스크 관련주로 상승하는 것처럼 발 빠르게 순환매에 대비해야 하며, 단기간에 50% 정도 상승한 종목은 고점에서 매도하고 다시 새로운 종목으로 갈아타는 전략을 구사해야 합니다.

마침내 미국에서도 폐렴 환자가 발생했으니 이제 이 새로운 전염병이 전 세계로 퍼졌다는 건 누구나 아는 기정사실이 되었습니다. 따라서 주식시장에서 관련주들의 주가가 추가로 상승하려면 더 파급력 있는 재료가 나와야 하며, 그러지 않으면 폐렴 관련주의 상승 탄력은 둔화할 수밖에 없습니다. 대부분 종목들의 일봉차트에서 5일 이동평균선이 살아 있기 때문에 단기 트레이딩이 가능하지만, 그렇다고 해서 그동안 많이 오른 종목을 너무 고점에서 추격매수하는 것은 바람직하지 않습니다.

오늘 정오쯤 우리나라에서도 의심 환자가 4명 추가되었습니다. 의심 환자 중 확진 환자가 발생하고 환자 수가 급속히 늘어나야 다시 주가 상승의 모멘텀이 발생합니다. 그러면 이제 큰 갭 상승보다는 거래가 터지면서 주가를 밀어 올려야 하므로, 급등했던 종목이 조정받을 때는 일봉차트에서 캔들의 위치를 잘 봐야 합니다.

차트를 보며 음봉인지 양봉인지 또는 '음봉이지만 다음 날 갭 상승을 하고 음봉의 몸통 위에서 시작하면 일봉차트의 모습이 어떻게 될까?' 이런 상상력을 키우고 이모저모 많이 생각해봐야 합니다. 세력들은 일봉차트가 좋은 종목 위주로 거래합니다. 따라서 장대음봉 캔들이 발생한 종목은 되도록 홀딩 종목에서 제외해야 하고, 음봉이라 할지라도 캔들의 몸통이 작으면서 밑 꼬리라도 있는 종목을 선정해야 합니다.

요즘같이 테마주가 형성되는 기간에는 시간외단일가 시장도 아주 중요하다고 할 수 있습니다. 직장을 다니느라 오전장 시작을 볼 수 없다면, 오후 4시 10분부터 6시까지 10분마다 거래되는 시간외단일가 시장에서 상승하는 종목을 검색해 보세요. 그리고 주가가 상승하는 데 뭔가 이유가 있다고 판단되면 거래 타임별로 체크해 보세요. 남들이 추격매수하는 고점에 매수하지 말고, 단일가 시장에서 타임별로 잘 보다가 주가가 조정받으면서 거래량이 줄어드는 타임에 분할로 매수해보기 바랍니다. 무조건 그런 것은 아니지만, 많은 종목들의 경우 시간외단일가 저점에서 매수했다가 시간외단일가 고점에서 매도 또는 다음 날 갭 상승이 크게 나왔을 때 매도하면 수익을 낼 수 있습니다.

오늘 〈모나리자〉 같은 종목이 그런 경우입니다. 어제 시간외단일가에서 +9.34% 정도로 마감했는데 오늘 시초가가 +14.57%로 시작했기 때문에, 시초가에 매도하더라도 5%에 가까운 수익률을 올릴 수 있습니다.

단기간에 주가가 50% 이상 상승한 종목은 분할 매도해야 하고, 고점에서 신용 몰빵처럼 투자를 잘못하면 하루 만에 계좌가 깡통이 될 수도 있는 곳이 바로 주식시장입니다.

모나리자 시간외단일가 가격과 다음 날 일봉차트

오전장에 바쁜 직장인이라면
시간외단일가 매매를 공부하라

• 2019년 10월 15일 •

오늘의 매매일지

종목 | 에이치엘비(028300)

이슈 | 에이치엘비생명과학, 엘리바와 합병 동의안 결의 → 호재

흐름 | 시간외단일가에서 상승

결론 | 시간외단일가에서도 열심히 상승 종목을 검색하면 수익을 얻을 수도 있으므로, 직장인 투자자도 퇴근 후 자신이 보유한 주식의 시간외단일가 가격을 체크할 필요가 있다.

오늘 아침에는 정말로 매매할 것이 없어 매수주문 한번 제대로 넣어 보지도 못했습니다. 주식을 하다 보면 개개인의 스타일대로 자신이 좋아하는 시장이 생기게 마련입니다. 저 같은 경우에는 한두 종목이 강하게 움직여도 좋아하는 매매스타일이 아니면 매매하지 않습니다. 이렇듯 주식 초보시절에 습관을 어떻게 들이느냐에 따라서 매매패턴이나 기법이 정해집니다.

스캘퍼가 주로 활동하는 시간은 주가가 가장 활발하게 움직이는 오전 9시부터 10시, 오후 2시 30분부터 3시 30분입니다. 오전 10시부터 오후 2시까지는 전업투자자라면 헬스나 운동을 하고 일반 직장인이라면 회사 업무에 신경 쓰는 것이 훨씬 효율적인 투자 방법일 것입니다.

딱히 매매할 것도 없고 해서 하루 종일 컴퓨터 앞에서 이런저런 것으로 시간을 보내다가, 장 마감 이후 〈에이치엘비생명과학〉 공시와 풀이 기사를 보게 되었습니다.

'시간외단일가에서 상승하려나?' 하고 지켜보는데 갑자기 주가가 타임별로 지속적으로 오르기에 오후 4시 50분 타임에 모회사인 〈에이치엘비〉를 2,000주 매수했다가 5시와 5시 10분 두 타임에 분할 매도했습니다. 이와 같이 시간외단일가에서도 거래량이 증가하면서 투자자들이 매수하러 들어오면서 주가가 오를 때는 분할로 매도 타이밍을 잘 잡아야 합니다. 항상 남들보다 한걸음 빨리 매수하고 한걸음 빨리 매도해야 주식투자에서 수익을 낼 수 있다는 것을 잊지 마세요.

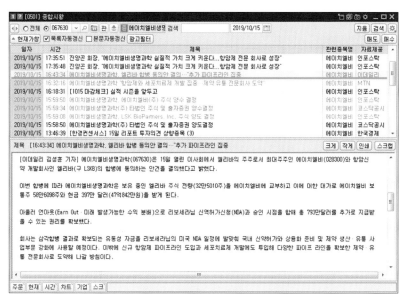

    시간외단일가에서도 열심히 상승 종목을 검색하다 보면 이처럼 어느 정도 수익이 나는 경우도 가끔 있으니, 전업투자자들은 때를 가리지 말고 항상 열심히 해야 합니다.

    시간외단일가는 3시 30분 정규시장이 마감되고 오후 4시 10분부터 6시까지 10분 단위로 ±10%까지 움직일 수 있는 시장입니다. 시간외단일가에서 주가가 플러스로 마감하면 특별한 경우를 제외하고는 다음 날 시초가도 플러스로 시작할 가능성이 매우 높습니다. 시간외단일가에서 마이너스로 마감하면 다음 날 장전시간외 매도물량이 출회되며 정규시장의 시초가도 마이너스로 시작합니다. 앞서도 언급했지만 어떻게 보면 꼬리가 몸통을 흔드는 격이지요.

종목명	잔고수량	잔고평균단가	금일매수			금일매도			매매비용	손익금액	수익률
			수량	평균단가	매수금액	수량	평균단가	매도금액			
대성엘텍	5,000	1,145	14,400	1,136	16,363,000	9,400	1,139	10,713,000	28,914	46,086	0.43
코리아나	0	0	2,000	3,560	7,120,000	2,000	3,546	7,092,770	19,138	-46,368	-0.65
에이치엘비	0	0	2,000	125,400	250,800,000	2,000	130,950	261,900,000	706,020	10,393,980	4.13
필룩스	0	0	5,640	6,525	36,801,000	5,640	6,570	37,054,800	100,006	153,794	0.42
동아화성	0	0	10,774	5,436	58,572,050	10,774	5,441	58,628,030	158,278	-102,298	-0.17
제일바이오	5,000	5,190	5,000	5,190	25,950,000	8,000	5,179	41,434,420	111,886	-269,466	-0.65
헬릭스미스	0	0	300	94,600	28,380,000	300	96,406	28,922,000	78,023	463,977	1.63
엔씨엔	23,000	2,555	468	6,990	3,271,320	468	7,034	3,291,960	8,869	11,771	0.36
디엔에이링크	23,000	2,555	23,000	2,555	58,766,385	0	0	0	0	0	0.00
메가엠디	0	0	6,195	3,625	22,457,575	6,195	3,625	22,458,635	60,621	-59,561	-0.26
테고사이언스	0	0	11,095	3,171	35,182,585	11,095	3,220	35,725,900	96,392	446,924	1.27
	0	0	622	25,750	16,016,500	622	25,404	15,801,850	42,681	-257,331	-1.60

시간외단일가에서 매매한 에이치엘비 매매일지

　직장인들도 오후 4시 이후에는 자투리 시간을 좀 낼 수 있을 테니 시간외단일가를 모니터링해 보거나, 퇴근 후 자신이 보유한 주식의 시간외단일가 가격이 어떻게 되었는지 정도는 꼭 체크하고 다음 날 시장에 대비하기 바랍니다.

시간외단일가에서 특급 호재로 상한가에 매수, 다음 날 시초가에 크게 갭 상승하다

• 2020년 3월 26일 •

오늘의 매매일지

종목 | SV인베스트먼트(289080), 마크로젠(038290)

이슈 | 투자회사 이뮨메드 코로나 치료제 청신호 → 호재

흐름 | 시간외단일가에서 상한가 진입

결론 | 장 마감 이후 특급 호재가 발생하는 종목은 시간외단일가에서 상한가라도 매수해야 한다.

오늘은 시간외단일가 매매에 대해서 이야기를 해볼까 합니다. 정규시장이 마감한 뒤 오후 4시 10분부터 오후 6시까지는 10분 단위로 총 12회 매매가 진행되고 상한가 +10%, 하한가 -10%로 정해져 있습니다. 우리나라 주식시장의 등락폭은 최대 30%이기 때문에 정규시장에서 종가가 +25% 상승 마감한 종목은 시간외단일가 시장에서는 +5%만 상승이 가능합니다.

올해 초 코로나 19 환자가 급증한 다음부터, 저는 장 마감 후 포털사이트를 열고 '코로나 19' 같은 키워드를 넣고 검색을 하곤 했습니다. 어제

오후 5시 2분 매일경제에서 〈이뮨메드〉 대표가 "코로나 치료제 청신호…
중중 환자 5명 효과봤다"라는 제목으로 인터뷰한 기사를 보고, 다음 날
아침 핫하게 반응하겠다고 생각하고 〈이뮨메드〉 관련주인 〈SV인베스트
먼트〉와 〈마크로젠〉을 상한가 부근에서 매수했습니다. 시간외단일가에
서 상한가에 진입하면서 매수잔량이 쌓이면 먼저 상한가에 매수주문한
순서대로 매수되기 때문에, 시간외단일가에서 호재성 기사로 인해 상한
가를 가는 종목은 빨리 판단해서 매수주문을 넣어야 합니다.

장 마감 이후라도 특급 호재성 기사가 나오면 재료의 값어치를 빨리
판단해서 시간외단일가에서 상한가를 가겠다는 확신을 가질 수 있어야
만 상한가에 매수주문을 할 수 있습니다.

시간외단일가 시장에서 상한가에 진입한 종목의 경우 다음 날 시초가
가 거의 +10~20% 정도 갭 상승하여 출발합니다. 따라서 시간외단일가
상한가에서 매수해도 다음 날 장 시작 후 9시 5분 이내에 고점에서 매도
하면 제법 수익을 낼 수 있습니다.

이런 시간외단일가 매매방법은 사실 다른 책에서는 잘 설명하지 않는
방법입니다. 특별히 주의해야 할 점은 허매수성으로 무조건 상한가를 간
다고 생각해서 매수하면 시간외단일가에서 큰 손실을 볼 수도 있다는 것
입니다. 반드시 호재성 기사가 나온 종목들만 매수하기 바랍니다. 시간외
단일가 매매는 많은 경험과 노하우가 필수이므로 초보자라면 소액으로
많은 경험을 쌓은 뒤 접근하기 바랍니다.

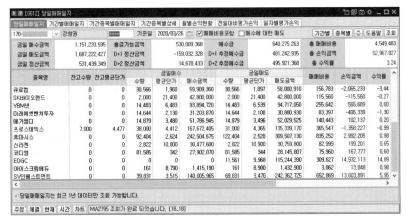

SV인베스트먼트 매매일지

종목명	잔고수량	잔고평균단가	금일매수 수량	평균단가	매수금액	금일매도 수량	평균단가	매도금액	매매비용	손익금액	수익률
큐로컴	0	0	30,566	1,960	59,909,360	30,566	1,897	58,000,910	156,783	-2,065,233	-3.44
SK바이오랜드	0	0	2,000	21,400	42,800,000	2,000	21,400	42,800,000	115,560	-115,560	-0.27
YBM넷	0	0	14,483	6,483	93,894,720	14,483	6,539	94,717,050	255,642	566,689	0.60
미래에셋벤처투자	0	0	14,644	2,130	31,203,870	14,644	2,108	30,880,930	83,397	-406,339	-1.30
메가엠디	0	0	14,879	3,480	51,786,945	14,879	3,496	52,029,525	140,443	102,137	0.20
프로스테믹스	7,000	4,477	38,000	4,412	167,672,405	31,000	4,365	135,339,170	365,547	-1,358,227	-0.99
휴마시스	0	0	92,404	2,624	242,504,675	122,404	2,528	309,507,130	835,252	2,992,205	0.98
신라젠	0	0	2,822	10,800	30,477,600	2,822	10,900	30,759,800	82,999	199,201	0.65
코디엠	0	0	81,585	342	27,902,070	81,585	344	28,145,807	75,960	167,777	0.60
EDGC	0	0	0	0	0	11,561	9,968	115,244,390	309,627	14,932,113	14.89
아이스크림에듀	0	0	161	8,790	1,415,190	161	8,900	1,432,900	3,862	13,848	0.98
SV인베스트먼트	0	0	39,831	3,515	140,005,965	69,831	3,470	242,362,725	652,869	13,603,891	5.95

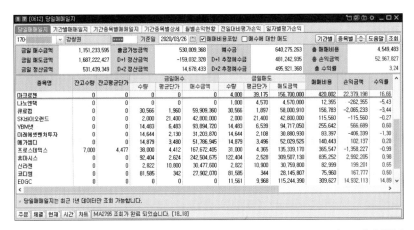

마크로젠 매매일지

종목명	잔고수량	잔고평균단가	금일매수 수량	평균단가	매수금액	금일매도 수량	평균단가	매도금액	매매비용	손익금액	수익률
마크로젠	0	0	0	0	0	4,000	39,175	156,700,000	420,802	22,379,198	16.66
나노엔텍	0	0	0	0	0	1,000	4,570	4,570,000	12,355	-262,355	-5.43
큐로컴	0	0	30,566	1,960	59,909,360	30,566	1,897	58,000,910	156,783	-2,065,233	-3.44
SK바이오랜드	0	0	2,000	21,400	42,800,000	2,000	21,400	42,800,000	115,560	-115,560	-0.27
YBM넷	0	0	14,483	6,483	93,894,720	14,483	6,539	94,717,050	255,642	566,689	0.60
미래에셋벤처투자	0	0	14,644	2,130	31,203,870	14,644	2,108	30,880,930	83,397	-406,339	-1.30
메가엠디	0	0	14,879	3,480	51,786,945	14,879	3,496	52,029,525	140,443	102,137	0.20
프로스테믹스	7,000	4,477	38,000	4,412	167,672,405	31,000	4,365	135,339,170	365,547	-1,358,227	-0.99
휴마시스	0	0	92,404	2,624	242,504,675	122,404	2,528	309,507,130	835,252	2,992,205	0.98
신라젠	0	0	2,822	10,800	30,477,600	2,822	10,900	30,759,800	82,999	199,201	0.65
코디엠	0	0	81,585	342	27,902,070	81,585	344	28,145,807	75,960	167,777	0.60
EDGC	0	0	0	0	0	11,561	9,968	115,244,390	309,627	14,932,113	14.89

눌림목 구간의 타이밍을
제대로 파악하라

오늘 주식시장에서는 유가 급등과 관계있는 유가 관련주와 아프리카돼지열병의 중국 확산과 관계있는 사료 관련주 정도가 강세로 마감했습니다. 요즘 시장 분위기가 집중되는 테마 쪽으로만 강세를 보이고 다른 종목들은 별 메리트가 없다 보니, 대처를 잘해야 수익을 낼 수 있을 것 같습니다.

　오늘 아침에도 〈현대산업개발〉이 〈아시아나항공〉에 1조 6,000억을 지원하며 올해 안에 M&A를 한다고 발표했으나, 아직 시간적으로 여유가 있어서 그런지 아니면 국제유가 급등으로 악재가 나와서 그런지 주가는 하락으로 마감했습니다. 〈아시아나항공〉은 이제 어지간한 뉴스로는 주가가 상승하지 못할 것 같으니, 어느 정도 기간조정 뒤 재상승으로 전환할지 여부를 체크해볼 필요가 있을 듯합니다.

당일 강한 테마주라 할지라도 대장주가 장 초반에 빨리 상한가에 진입해야 2등주가 먹을 구간이 나옵니다. 주문하면 그다음 날 새벽에 배송해주는 혁신적인 서비스를 제공하는 마켓컬리처럼 주식시장에서도 새롭고 신선한 테마를 원하고, 그런 테마들은 처음 등장하는 당일에 강하게 움직입니다. 따라서 신선한 테마가 새롭게 등장해서 활발히 움직이는 초반에 수익을 극대화해야 합니다.

아무리 돈 많은 세력이라 할지라도 순리에 어긋나는 매매를 하면 안 되는 곳이 바로 주식시장입니다. 당일 이슈가 있고 거래량이 많이 터지는 테마주에서 스캘핑을 해야 먹을 구간이 나오는 것이 당연합니다.

스캘핑을 잘하려면 눌림목 구간을 정확하게 파악하고 기다렸다가 눌림목 부근에서 정확하게 매수 타이밍을 잡아야 합니다. 눌림목은 왜 나올까요? 어떤 종목이든 스캘핑을 하는 누군가가 매수해서 1%에서 3% 정도 수익을 보고 매도하면 또 다른 누군가가 그 매도물량을 받아주는데 그 구간이 눌림목입니다. 눌릴 때 매수물량이 몰려서 주가가 다시 N자로 상승하는 종목이 많다고 보면 될 것입니다.

주식은 차트 흐름대로 움직입니다. 물론 약간의 트릭도 존재하겠지만 매도호가 합계가 매수호가 합계의 5배 이상 정도 되는 종목들은 대부분 주가가 상승합니다. 즉, 매수호가가 엉성하고 매도호가가 짱짱한 종목이 더 상승합니다. 왜 그럴까요?

그 이유는 매도호가에 매도물량이 많으면 나보다 돈 많은 세력들이 들어와서 위에 있는 매도물량을 받아 먹으면서 주가를 상승시키기 때문입니다. 주식시장은 한곳에 안주하고 머물러 있는 투자자가 절대로 이길 수 없도록 날마다 진화합니다. 한층 더 노력하고 연구하고 공부해야만 살아남을 수 있음은 두말할 필요가 없습니다.

혹시 골프를 친다면 이런 경험을 한 번쯤은 해본 적이 있을 겁니다. 싱글 치는 고수 한 분을 모시고 동반 라운딩을 하며, 그분의 스윙 템포를 따라 하려다 그날 스코어를 망친 경험 말이지요. 주식도 똑같습니다. 주위 사람들이 베팅을 잘한다고 해서 자신이 감당하지 못하는 미수나 신용으로 따라서 베팅하다 보면 계좌가 속된 말로 걸레가 되어버립니다. 항상 자신만의 중심을 잘 지켜서 매매하는 것이 가장 중요합니다.

스캘핑을 하다가 눌림목이라고 여겨 매수했는데 추가로 하락할 때, 네가 이기나 내가 이기나 한번 해보자는 식으로 매매하다 보면 어떻게 될까요? 무조건 내가 지게 됩니다. 피투성이로 변한 계좌를 보지 않기 위해서라도 손절매는 칼같이 하고, 항상 멘탈을 갑으로 단련할 수 있도록 피나는 연습을 지속하기 바랍니다.

장기투자 vs. 단기투자,
자신만의 투자기법부터 만들어라

지난주에 전업투자자 후배들과 오랜만에 만나서 골프를 치면서, '20년 전에는 다들 힘들었는데 지금은 참 대단한 친구들이 되어 있구나.' 하는 생각을 했습니다. 제가 드라이브 티샷을 하는데, 그 자리에 있던 한 후배가 동시호가에 들어가기 2분 전인 3시 18분 그 짧은 순간에 MTS로 〈한진칼〉 1만 5,000주를 샀습니다.

저는 매매할 때 컴퓨터 모니터가 최소 4대는 필요한데, 스마트폰으로 아무렇지도 않게 6억 이상 베팅하는 후배의 모습을 보면서 '매매에 정해진 답은 없구나.' 하고 다시금 느꼈습니다. 그 후배가 저녁에 술을 한잔하면서 말하길 한 달에 10억도 벌어보고 8억도 까먹어봤다고 하더군요. 이 후배처럼 크게 베팅하는 사람은 크게 먹고 또 크게 털리는 유형인 반면, 작게 투자하는 사람은 신경을 덜 쓰는 대신 수익도 적게 얻고 손실도 적게 보는 유형의 투자자가 되는 것 같습니다. 후배들은 항상 저에게 그래도 형이 최고라고 말합니다. 그 이유는 어느 후배가 한 달에 5억을 벌든 10억을 벌든 눈도 깜짝하지 않기 때문입니다. 어차피 내 것이 아닌데 부러워할 이유가 있을까요? 그런 이야기를 들으면 괜히 멘탈만 흔들릴 수 있기에 후배들이나 저나 서로 수익금 이야기는 하지 않습니다. 여러분도 남들을 부러워하기보다는 '나는 내 방식대로 나의 길을 묵묵히 가겠노라.' 하는 마음으로 투자하세요. 그래야 멘탈이 흔들리지 않습니다.

그리고 SNS상에 매매일지를 올리는 고수들이 수익을 많이 내는 것을 보고서 '나도 한번 해볼까?' 하고 갑자기 베팅 금액을 키우지는 마세요. 그 순간 여러분의 멘탈은 붕괴되고 계좌도 바로 침몰하게 되어 있습니다.

아무런 노력도 없이 수익만 바라는 투자자에게 주식시장이 결코 호락호락하지 않다는 것은 다들 잘 알 겁니다. 주식투자를 할 때는 치열한 주식시장에서 살아남을 수 있는 자기만의 필살기가 반드시 있어야 합니다.

대부분의 개인투자자들이 어제도 상한가에 갔는데 오늘 또 오르니까 아무런 기술적 지식도 없이 그냥 오늘 고점에 덜컥 매수합니다. 그러고는 "이 주식을 어떻게 하면 좋을까요?" 하고 묻고는 합니다. 이런 식으로 '묻지마'식 투자를 하는 사람들이 아직도 많은 것으로 압니다. 이틀 연속 단기에 50% 상승한 주식은 매도하여 반드시 이익을 실현하기 바랍니다.

오랜 세월 주식을 하다 보면 어느 정도 통계적으로 느끼는 감이 생깁니다. 주가가 이틀 동안 상한가를 기록하면 사람의 심리상 누구나 "하루만 더!"를 외치게 되지요. 하지만 그런 조그마한 욕심 때문에 크게 익절할 수 있었음에도 결과적으로 수익을 조금밖에 내지 못하는 경우도 있습니다.

매수도 기술이지만 매도 시 익절하는 것이야말로 예술이라고들 합니다. 자신의 욕심을 조금 버리고 잘 조절해야 하는 테크닉 중 하나이지요. 주가가 상승했다가 가격조정과 기간조정을 받으면서 눌릴 때 매수하고, 주가가 위로 급하게 올라가면 매도해야 합니다. 지금도 매일 손실이 난다는 대부분의 투자자들은 이와 반대로 투자한다고 봐야겠지요. 현재가 창의 체결 창에서 빨간색으로 체결호가들이 나타나면서 주가가 오르면, 투자자의 100%가 매수하고 싶은 심리적인 욕구를 느낍니다. 그렇기에 누가 그런 충동을 억제하고 자신을 제어하면서 매매하느냐가 승부의 관건이 됩니다. 지금 이 글을 읽고 있는 독자 자신부터 그런 것들을 실천하고 있는지 아닌지 한번 생각해보세요.

저는 추격매수만 하지 않아도 주식시장에서 잃지는 않는다고 생각합니다. 익절하여 수익을 본 대부분의 투자자들이 시장 상황은 뒷전이고, 백이면 백 바로 다른 주식을 매수하려고 듭니다. 이런 것 또한 자신의 욕심이 아닐까요? 현금을 보유한 채 마음의 여유를 가지고 조금만 기다리면 주가는 다시 내려올 텐데, 그걸 못 기다린다는 게 대부분 투자자들의 가장 큰 문제점일 것입니다.

주식에서 고수와 하수의 차이라고 하면 정말 종이 한 장 차이나 될까요? 어떻게 마음먹느냐에 달렸다고 저는 생각합니다.

오전에 수익이 나면 더 이상 매매하지 말라고 앞에서도 이야기했습니다. 장 시작 후 조금 벌었음에도 조금만 더, 조금만 더를 외치다가 결국 어떻게 되던가요? 장 마감한 뒤 계좌를 보면 오전장에서 얻은 수익은 온데간데없고, 혼자서 자기 자신을 욕하고 자책하며 '내일부터는 안 그래야지!' 하고 마음먹지만 다음 날도 매매의 결과는 똑같은 패턴으로 나타납니다.

　시장 경험이 많은 사람들은 이런 경험을 수없이 반복하는 동안 이리저리 깨지면서 단단해진 사람들입니다. 이런 경험을 바탕으로 손실에서 수익으로 전환하는 사람들도 있긴 합니다. 하지만 그렇게 되기까지 야속하게도 몇 년이라는 세월이 훌쩍 흘러버리지요.

　장기투자, 가치투자를 해야 할까요? 아니면 단기투자를 해야 할까요? 미국 시장 같은 경우 장기투자로 큰 수익을 낼 수도 있지만, 우리나라 시장은 몇 년마다 상승과 하락의 사이클을 반복하기 때문에 중장기 투자에는 맞지 않는 시장이라고 볼 수 있습니다. 사실 이런 부분에 정답은 없습니다. 자신이 처한 현실에 따라서 자신만의 투자기법을 확립해야만 이 험난한 전쟁터에서 살아남을 수 있을 것입니다.

주식 초보일수록
롱런하려면 멘탈부터 관리하라

오늘은 주식 초년생인 우리 아이의 주식 이야기를 한번 해볼까 합니다. 요즘은 일류대학을 나와도 취직도 안 되고 해서, 조기 교육차 대학 입학과 동시에 주식을 가르쳐야겠다고 마음먹었습니다. 2월에 주식강의 명품 3기 수업도 듣게 하고, 책도 좀 읽어보고 실전매매를 해보라며 주식계좌를 만들어 100만원을 넣어주었습니다. 그래서 요즘 100만원으로 오전장에 1시간만 매일 주식을 사고팔고 하는 중인데 그게 어디 쉽나요? 한두 달 만에 계좌가 반쪽이 됐기에 투자금액이 너무 적은 것 같아 다시 150만원을 입금해서 200만원을 만들어 주면서, 동기부여를 하기 위해 여기서 수익 나는 금액은 모두 용돈으로 해도 좋다고 이야기했습니다.

한두 달 매매하는 내내 별로 신통찮았는데 어제 우연히 수익을 16만원 냈기에 잘했다고 칭찬해주었습니다. 그런데 바로 하루 뒤인 오늘 아침 −27만원을 찍으며 주식 계좌를 아주 걸레로 만들어버리더군요. 이 모습을 보며, 역시 사람은 누구나 똑같다는 것을 새삼 느꼈습니다. 오전장이 시작되면서 3만원 정도 손실 나는 것까지는 잠깐 체크했는데, 아마도 손실을 만회하기 위해서 그 이후에 폭풍매매를 한 것 같았습니다.

사실 저도 그 마음은 충분히 이해합니다. 계좌가 마이너스가 되면 일단 심리적으로 쫓기고, 그러다 보면 거래가 터지면서 올라가는 종목이 좋아 보여 결국 고점에 추격매수를 하게 됩니다. 매수하고 보니 "아, 고점에 잡았구나!" 하는 경험을 많이 하게 되지요. 이런 일련의 과정들을 비단 우리 아이만 겪는 것은 아닐 것입니다. 모든 단기 트레이더가 겪는 과정인 만큼, 과연 누가 그런 과정을 슬기롭게 잘 헤쳐나가면서 더 이상 그렇게 어리석은 매매를 하지 않느냐가 관건일 것입니다.

손실을 만회하려고 덤벼들면 한 단계 더 손실을 보게 되고, 거기서 멈추면 되는데 씩씩거리면서 끝까지 "네가 이기나 내가 이기나 어디 한번 해보자!" 하고 미수까지 쓰면 그때는 정말 걷잡을 수 없이 이성을 잃어버리며 큰 손실을 볼 수밖에 없습니다. 주식매매를 하면서 늘 평정심을 유지할 수 있는 사람은 거의 없다고 봐도 됩니다. 20년 매매한 저도 가끔은 멘탈이 집을 나가는데 초보자들이야 오죽할까요?

단기매매 시 오전장이 시작된 뒤 바로 손실이 나면 잠깐이라도 컴퓨터 앞에서 떠나 반성의 시간을 가져야 합니다. 하지만 대부분의 사람들이 급한 마음에 바로 다른 종목을 찾아 다시 매매를 합니다. 아침에 손실 난 금액을 당일 만회하는 경우는 100번 매매하면 한두 번 있을까 말까 하다는 것은 여러분이나 저나 다 알고 있는 사실입니다. 저도 주식 초보시절에 그런 패턴으로 매매한 적이 많습니다.

"이런저런 시행착오를 거치며 계좌가 비어 깡통 차는 경험을 꼭 직접 해봐야만 주식 고수가 될 수 있느냐?"라고 누가 묻는다면, 제 대답은 반드시 직접 경험할 필요는 없다는 것입니다. 이 글을 읽는 독자들 중 상당수가 공감하는 내용이 아닐까 싶습니다.

주식시장에서 돈을 단기간에 아무리 많이 벌면 뭐하나요? 꾸준하게 유지하며 수익금을 지키지 못하면 다시 시장에 반납하게 되어 있습니다. 오늘 수익이 조금 났다고 어깨를 으쓱하면서 '주식 이거 별것 아니네!' 하고 생각하는 순간 바로 나락으로 떨어질 수 있다는 것을 명심하세요. 주식시장에서 이기고 롱런하려면 멘탈관리를 충실히 하면서 서서히 성장해야 합니다.

오늘 하루 아무리 수익이 많이 나더라도 머리는 '늘 냉정하게, 늘 객관적으로, 늘 차갑게' 행동해야 합니다. 하루 종일 모니터 또는 스마트폰을 본다고 수익 나는 것도 아니고, 스스로 어떤 종목을 선택했다면 누가 뭐라고 해도 자신만의 원칙에 따라 매매하기 바랍니다. 항상 초심으로 돌아가서 그때의 절박한 마음을 꼭 기억하면서 매매하세요.

주식투자에서 기본적인 원칙만 잘 지키고 실천해도 '성공'이라는 단어는 어느새 여러분 곁에 다가와 있을 것입니다.

어려운 전업투자자의 길,
직장생활과 병행하라

• 2019년 7월 16일 •

일본의 반도체 핵심소재에 대한 수출규제로 촉발된 한일 경제충돌이 격화되고 있습니다. 일본의 강제징용 배상 판결과 관련해 우리나라가 요청한 '제3국 중재위원회 설치' 답변시한인 모레 18일을 전후해 일본이 추가로 보복조치를 실행할 수도 있다는 전망이 제기되면서, 한일 간의 갈등이 1차 고비를 맞을 것이라는 관측이 나오고 있습니다. 지금 주식시장의 화두는 단연 일본의 반도체 수출규제로 인한 수혜주들입니다.

어제저녁에는 이례적으로 〈후성〉 같은 종목이 네이버 실검 1위까지 오르기도 했습니다. 주식투자자라면 당연히 이런 종목들을 체크해보아야 합니다. 다들 알다시피 종합주가지수의 변동폭이 지속적으로 박스권에 갇혀 있는 상황이므로, 현재 수급이 들어오는 종목 중에서 골라 투자해야 수익을 낼 수 있습니다.

올여름 주식시장도 언제나 그렇듯 여러모로 힘들게 전개되고 있습니다. 전업투자자 후배들 중에는 여름 시장이라 수익이 나지 않다 보니, 며칠만 계좌에 손실이 나도 멘탈이 살짝 나가려고 하는 친구들도 있습니다. 각자 자신에게 맞는 시장이 있는 법인데, 남과 계속 비교하면서 '내가 지난달에 얼마를 벌었는데.' 이런 생각을 하는 순간 멘탈은 쉽게 무너져 버립니다. 나 자신이 수익을 내기 어려우면 나에게는 안 좋은 시장이고, 그런 판단이 든다면 무리하게 덤비는 매매를 하면 안 됩니다.

지난 금요일 인스타그램 DM으로 한 청년이 이런 질문을 하더군요.

"적성에 맞지 않는 과를 다니면서 휴학과 복학을 반복하며 시간을 많이 허비하고 있습니다. 주식에 대해 아무것도 모르는 제가 과연 주식강의를 듣고 전업투자자의 꿈을 실현할 수 있을까요?"

이 질문을 받고 요즘 이 청년과 같은 청춘들이 많을 것 같다는 생각이 들었습니다. 제 말 한마디가 한 사람의 운명을 바꿀 수도 있는 상황에서 저는 "성공이란 단어는 어느 곳이나 몇 %의 상위그룹에만 존재합니다. 전업투자자는 혼자서 모든 것을 다 해야 하고 주위 사람들과 터놓고 주식 이야기를 하지도 못하는 등 사실 너무나 외롭고 힘든 직업입니다. 주식을 정말 잘해서 성공하면 모르겠지만, 여러분도 잘 알다시피 주식으로 성공하는 것이 그리 쉬운 일은 아닙니다. 최소 1년에서 3년 정도 꾸준하게 수익이 나고 있다면 모를까, 전업투자자의 꿈은 절대 꾸지 말고 남들처럼 직장생활을 하면서 틈틈이 주식투자를 하는 것이 좋을 것 같습니다."라고 답했습니다.

녹십자랩셀로 하루 수익 3억,
흔들리지 말고 초심을 지켜라

• 2016년 6월 24일 •

오늘의 매매일지

종목 ㅣ 녹십자랩셀(144510)

이슈 ㅣ 바이오주 신규 상장 → 호재

흐름 ㅣ 상장 첫날 100% 상승 출발 후 +30%로 곧장 상한가 진입

결론 ㅣ 시초가 100% 형성 후 상한가에 전국에서 가장 빨리 매수주문하
여 매수 체결에 성공했다.

주식시장에 들어오는 대부분의 투자자가 이 시장에서 성공하여 흙수저에서 탈피해 금수저가 되겠다는 단 하나의 목표를 향해 달려갑니다. 그렇지만 꿈과 이상은 현실에서 좌절되기 쉽지요. 지금 시장은 수익을 내는 것보다 보유한 돈을 잃지 않고 지키는 매매를 위해 힘써야 하는 시장입니다. 주식투자는 위험한 모험의 세계이며 이 모험에서 성공하기 위해 부단한 노력과 주식공부는 필수입니다.

인스타그램 피드에 고수익을 자주 인증하는 사람들을 팔로우하면서 날마다 부러워하기보다는 그들이 '어떠한 매매기법으로 어디서 매수 시점을 잡아서 어떻게 매매했을까?' 하는 궁금증을 가지고, 매일 밤 많은 시간을 투자해서 공부해야 비로소 성공으로 가는 여건을 갖출 수 있습니다. 주식투자를 시작할 때 시장이 좋아서 처음부터 요행으로 수익을 얻은 사람은 지금 같은 하락장을 만나면 금방 모래성처럼 허물어지기 쉽습니다. 그러니 기초를 탄탄히 쌓은 뒤 투자해도 절대 늦지 않습니다.

지금 당장 누군가가 SNS상에서 큰 수익을 냈다고 해도 그것을 매일 부러워하기만 할 필요는 없습니다. 여러분도 미래에 그들과 어깨를 나란히 할 수 있는 실력자가 될 수 있으니까요. 그래서 저는 매일 얼마의 수익을 냈는지는 그리 중요치 않다고 생각합니다.

제가 주식투자를 하면서 하루 수익금으로 얻은 가장 큰 금액은 3억원입니다. 어제 저는 당일 신규 상장하는 〈녹십자랩셀〉이 장 시작과 함께 신규 주가 상승할 수 있는 가장 큰 폭인 100%로 상승 출발한 후 다시 상한가인 +30%를 기록하자, 전국에서 가장 빠른 1번 주문으로 20억원어치를 매수했습니다. 그 결과 오늘 제 계좌에는 3억원이라는 수익금이 찍혔지요.

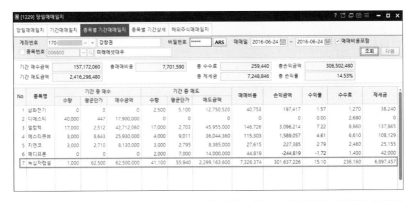

여러분은 '수익금이 이렇게 큰 금액이면 기분이 어떨까?' 하고 상상하겠지만, 오랫동안 주식시장에 있다 보면 그다지 특별한 감흥도 없습니다. 조금 큰 수익을 냈다고 평정심을 잃으면 금방 손실로 이어지는 곳이 바로 지금 여러분이 서 있는 이곳입니다.

힘들겠지만 하루하루의 수익에 일희일비하지 말고 늘 초심으로 매매하세요. 매번 수익과 손실에 연연하다 보면 감정기복도 심해지고 일상생활에도 많은 지장을 초래하게 됩니다.

아직 가야 할 길이 멀지만 저도 이제 나이가 50이 넘어가면서 매수 베팅 금액도 서서히 줄어들고 있습니다. 이제는 무리하게 매매하기보다는 실전에서 자만하지 않고 강인하고 탄탄한 멘탈로 작은 수익금에도 만족하며, 매일매일 시장에 감사하는 마음으로 살면서 트레이닝스쿨에서 명품 제자들을 육성하며 오늘도 전업투자자의 길을 걷고 있습니다.

거래소와 코스닥 지수 급락세,
시장에 순응하는 법을 배워라

• 2019년 11월 21일 •

어제부터 거래소와 코스닥 시장이 급락하고 있습니다. 지소미아 종료에 따른 시장의 불안감과 외국인 투자자들의 지속적인 매도로 이틀 연속 급락으로 마감했습니다. 우리나라 대표주인 삼성전자도 지속적으로 우상향하다가 오늘 일봉차트에서 20일 이동평균선 밑으로 캔들이 하향 이탈했습니다. 다시 반등하려면 내일 장대양봉 캔들이 나와야 어느 정도 지지가 될 것 같은데, 내일도 밀리면 당분간 지수가 좀 더 하락할 수도 있을 듯 보입니다.

주식투자를 하다 보면 시장에 순응하는 법도 배워야 합니다. 아무리 고수라 해도 시장 상황이 뒷받침되지 않으면 수익 내기가 어려울 수도 있고, 자신의 매매스타일에 맞는 장세가 오지 않으면 힘들 수도 있습니다. 스캘퍼들은 모니터 앞에 앉아서 또는 스마트폰으로 주식시장을 보다

일자	개인	외국인	기관계	금융투자	보험	투신	은행	기타금융	연기금등	사모펀드	기타법인
2019/12/04	+3,202	-3,965	+508	-138	+57	+116	+21	-5	+792	-335	+243
2019/12/03	+1,273	-2,690	+1,147	+466	+93	+104	+48	+14	+436	-14	+272
2019/12/02	+496	-3,937	+3,094	+2,422	-14	+283	+24	+8	+491	-120	+330
2019/11/29	+4,434	-4,517	-486	-554	+429	+391	+53	-17	-604	-184	+551
2019/11/28	+282	-1,166	+720	+361	+354	+190	+11		+17	-213	+164
2019/11/27	+181	-1,437	+942	+1,557	+75	-100	-7	-6	-614	+36	+308
2019/11/26	+604	-8,576	+7,631	+5,881	+221	+199	+19		+776	+535	+339
2019/11/25	-1,407	-2,586	+3,589	+3,870	-114	-212	-25	-19	-218	+307	+413
2019/11/22	+583	-1,865	+912	+2,434	+133	-380	-1,514	-5	+115	+129	+366
2019/11/21	+2,534	-5,730	+2,645	+2,330	+51	-399	+11	+2	+716	-67	+527
2019/11/20	+3,606	-3,343	-981	-897	-56	-540	+54	+45	+1,015	-602	+717
2019/11/19	+960	-129	-1,203	-1,182	-67	-453	-23	+42	+832	-351	+370
2019/11/18	+665	-1,629	+635	+1,214	-290	-485	-11	+9	+218	-19	+328
2019/11/15	-6,562	-1,372	+7,859	+5,774	-67	-122	-25	-101	+2,274	+125	+119
2019/11/14	-620	-2,073	+2,261	+3,970	-70	-287	-2	-8	-1,109	-234	+446
2019/11/13	+2,276	-272	-2,418	-892	-28	-503	+24	-27	-877	-114	+422
2019/11/12	+238	-404	-151	+500	-111	-416	-8	-8	+8	-116	+308
2019/11/11	+1,404	-1,734	-9	-376	-172	-409	+51	-9	+902	+5	+326
2019/11/08	+63	-1,044	+630	+1,064	-150	-243	+13	+13	+273	-340	+344
2019/11/07	+642	-1,549	+535	+940	-61	-500	+50	+48	+224	-164	+354

거래소 투자자별 매매현황(2019년 11월)

보면 손이 근질거려서 매매를 안 할 수 없겠지만, 어제나 오늘 같은 시장
은 정말로 매매를 안 하는 것이 최고의 투자 대안이었습니다.

거래소 투자자별 동향을 보면 결국 개인들만 주식을 매수했을 뿐 외국
인은 오늘 최근 들어 가장 많은 5,700억 정도를 매도했습니다. 기관들도
2,600억 정도 매수했지만 이번 주 매수·매도 합계를 보면 관망하는 포
지션을 취하고 있으므로, 이후 시장에 접근할 때는 기관투자자와 외국인
투자자의 포지션을 먼저 확인하는 것이 좋을 것 같습니다.

다들 알겠지만 주식시장에서 개인들이 순매수한다고 해서 주가가 올
라가는 일은 없습니다. 더군다나 코스닥 시장은 개인투자자 비중이 70%
이상이라서 외국인, 기관투자자들이 조금만 매도해도 크게 영향을 받을
수밖에 없지요. 지금은 스윙매매를 하는 사람들 중 특히 신용이나 스톡
론에 몰빵한 사람들이 상당히 힘든 시기입니다.

시간이 지나서 언젠가 좋은 시장이 오면 모를까, 겁 없이 무조건 자신

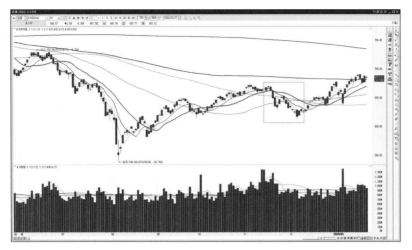

코스피 일봉차트(2019년 11월)

의 원금 2배 이상 빚내서 하는 투자는 절대 금물입니다.

주식시장은 상승장도 있지만 그 반대로 하락장도 많습니다. 급락장세에 본인의 원금보다 2배 이상 투자하는 스톡론이나 신용으로 주식투자를 했다면 엄청나게 힘든 시기가 될 수도 있으니 항상 여윳돈으로 투자하는 습관을 길러야 합니다.

여러분은 아직 젊어서 무한히 성장할 가능성이 있고 투자할 기회도 앞으로 얼마든지 있습니다. 좋지 않은 시장에 무리하게 베팅해서 크게 손실 입는 일이 없기를 바랍니다.

어려운 겨울의 주식시장,
기나긴 심리전에서 이겨야 한다

• 2019년 12월 3일 •

오늘은 12월의 두 번째 거래일입니다. 전체적으로 우하향하며 불안한 흐름으로 전개되어 수익 내기 어려운 시장이니 무리하지 말고 시장에 순응하기 바랍니다. 시장이 좋지 않으면 나 혼자만 어려운 것이 아니라 모든 주식투자자가 힘듭니다. 1년 내도록 수익만 나는 좋은 시장이란 있을 수 없지요. 요즘처럼 시장 상황이 좋지 않을 때는 현금 비중을 늘리고 보수적으로 접근해야 합니다.

오늘자 뉴스에서 눈에 띄는 것은 "중국에서 중국 기업들의 디폴트 상황 발생 건수나 규모가 이미 높은 수준인데, 문제는 이것이 앞으로 더 악화될 가능성이 있다는 것이다."라는 내용입니다. 올해 중국 역내 회사들의 채무불이행 발생 건수가 10월 중순까지 이미 120건에 달해 2018년 전체 디폴트 발생 건수와 맞먹는다는 기사를 보니, 향후 이런 것들도 주식시장에 악영향을 미치지 않을까 하는 생각이 듭니다.

어제 명품강의를 수강한 한 제자에게서 메일을 한 통 받았습니다. 아이 둘을 둔 아빠인데 계좌의 원금은 자꾸 줄어들고 은행 대출금도 갚으면서 주식투자를 하다 보니, 요즘 너무나 힘들어서 저의 조언을 구한다는 내용이었습니다.

이런 사연을 지닌 사람이 비단 이 제자 한 명뿐일까요? 많은 사람들이 지금 이런 처지에 놓여 있을 것입니다. 이 글을 읽는 독자들 누구나 몇 백만원으로 시작했다가 상승 시장을 만나면 몇 천만원으로 불릴 수 있는 곳이 주식시장입니다. 그러나 이런 것은 상승장에서나 가능한 것이고, 자신만의 매매기법이나 수익을 낼 만한 아무런 무기도 없는 상태에서 시장이 하락세로 접어들면 그간의 수익금을 고스란히 시장에 헌납한다고 봐야 합니다.

보통 보면 이사하기 전 잔금날까지 한 달 정도 여유가 있다고 그 돈으로 주식투자를 하는 사람들이 꽤 있는데, 그런 단기자금으로 주식투자를 하면 백전백패입니다. 시간에 쫓기면서 주식투자를 하게 되면 심리전에서 질 수밖에 없고 또 약간이라도 손실이 나기 시작하면 마음의 여유가 사라집니다. '어떻게 하면 손실을 만회할까?' 하는 생각뿐이지요. 그러다 보니 추격매수는 물론이고 베팅도 크게 들어가서 당연히 손실도 훨씬 크게 보게 됩니다. 은행 대출금 이자와 원금을 갚으면서 매매하다 보면, 한 달만 수익을 내지 못하더라도 계좌에서 빠져나가는 금액이 커서 원금이 줄어들기 때문에 그에 따라 자신의 심리도 더욱 불안해집니다.

지금 스스로 감당할 수 없을 만큼 많은 대출을 안고 주식투자를 하고 있다면, 차라리 신용회복위원회나 개인파산신청 같은 것을 활용해 은행

부채 쪽으로 돈이 나갈 구멍부터 막아두세요. 그래야 뭘 해도 버텨 낼 수 있습니다.

　신용이나 스톡론 등으로 큰 빚을 진 사람들도 많을 것입니다. '내가 왜 주식투자에 손을 대서 이런 생지옥에서 고생할까?'라며 아무리 괴로워해도 기존에 자신이 지닌 생각과 매매기법을 바꾸지 않으면 시간이 흘러도 달라지는 것은 없습니다.

　주식 초보자도 조금만 노력하고 공부하면 기술적인 부분들은 어느 정도 알 수 있습니다. 그렇다면 무엇이 문제일까요? 저는 모든 문제가 자신의 욕심과 유리 멘탈을 극복하지 못하는 데서 시작된다고 생각합니다. 무엇이 문제인지는 자기 자신이 가장 잘 알 것입니다. 오전장에서 수익이 났는데도 조금 더 벌려고 오후장에서 다시 매매했다가 다 까먹어버리는 게 문제라면 어떻게 해야 할까요? 그렇다면 오후장에서 매매를 안 하면 됩니다. 이런 기본적인 것도 스스로 지키지 못하면서 무슨 수익을 내겠다고 계속 덤비는 것인지. 그럼에도 이런 작은 것부터 조금씩 고쳐나갈 수만 있다면 충분히 가능성은 있습니다.

　스캘핑 하면서 손실이 난 사람들은 정규시장 마감 이후 자신의 투자에 대해 복기해봐야 합니다. 내가 저 부분에서 왜 매수해서 손실이 났는지 등 이런 모든 부분을 오롯이 자신의 노력으로 고쳐나가야 합니다. 이전에 크게 수익 냈던 시절은 이제 잊고, 지금만 생각하며 단돈 만원이라도 소중하게 아끼고 당일 수익 난 금액은 무조건 지키세요. 정답을 멀리 다른 곳에서 찾으려고 하지 마세요. 정답은 그야말로 가까운 곳에 있고, 그것을 스스로 실천하기만 한다면 당장 내일부터라도 계좌 상황이 바뀔 거라고 확신합니다.

노력하지 않으면 개인투자자는
절대 수익을 낼 수 없다

• 2019년 12월 5일 •

오늘 시장에서는 그동안 거래정지 상태였던 〈경남제약〉의 거래가 거의 2년 만에 재개된 것이 가장 큰 이슈였습니다. 그러나 거래재개의 기대감으로 최근 들어 조금씩 상승한 〈경남제약〉 관련주(바이오제네틱스, 라이브플렉스, 씨티젠)에서 보듯이 "소문난 잔치에 먹을 것 없다."라는 교훈이 오늘도 역시 시장에 맞아떨어졌지요.

결국 〈경남제약〉에 대한 기대감으로 올랐던 어제쯤 고점에서 이들 종목을 매도하는 것이 정답이었음을 알 수 있었습니다.

누구나 아는 재료는 재료로서 값어치가 없습니다. 〈경남제약〉이 거래를 재개하면 관련된 종목들 또한 상승할 것이라는 기대감으로 매수했던 투자자들이 주가가 상승하지 못하고 하락으로 출발하자 시초가에 많이 던졌습니다. 그러니 오늘 들어간 사람들은 먹을 수 있는 구간이 없지요.

전일 시간외단일가에서 상한가에 진입했던 〈데이터솔루션〉, 〈오픈베이스〉도 시초가가 +10% 이상 갭 상승으로 출발했습니다. 이런 주식은 절대로 내 것이 아니니 패스하라고 늘 강조하는데도 꼭 추격매수를 하는 사람들이 아직도 많습니다. 이들 종목은 시초가 시작 이후 바로 1분봉 캔들에서 대량거래가 터진 장대음봉의 캔들이 나타났기 때문에 그냥 '오늘은 끝났다.'라고 생각하면 됩니다. 9시 1분, 2분에 거래가 터진 장대음봉 캔들이 발생하면 오늘은 절대 상승하지 못합니다.

주식투자의 기본적인 원리만 알아도 이 시장에서 터지거나 깨지지 않을 수 있습니다. 현재가 체결창에 빨간불이 들어오는 것을 보면 누구나 사고 싶은 충동을 느낍니다. 그런 심리에 빠져 내가 사고 싶다고 꼭지에서 사면 고점에 물리는 것이 주식입니다. 그런 기본적인 욕구부터 인내하면서 조절해야 비로소 이 게임에서 이길 수 있습니다.

지금처럼 시장이 안 좋을 때도 자꾸 매매하고 싶다는 중독증이 있는지 스스로 한번 느껴 보세요. 매일 매매한다고 해서 수익이 나는 것은 아닙니다. 1주일에 한 번 매매하더라도 이길 수 있는 매매기법을 자신의 것으로 만드는 것이 중요합니다. 주식시장이 활황일 때 수익을 내는 것은 아무나 할 수 있습니다. 이런 하락장세에서도 수익을 내야 진정한 자신의 실력이라고 할 수 있겠지요.

지금처럼 시장이 하락장일 때는 종합시황 창에 보도자료나 특징주가 아무리 좋은 제목을 달고 등장하더라도 수급이 뒷받침되어 주지 않으면 백약이 무효입니다. 그리고 증권가에 찌라시가 돌았던 종목들은 절대 사지 마세요. 시장이 안 좋으면 기사가 떠도 별로 먹히지 않습니다. 좋은 제목의 기사가 나와도 주가가 바로 상승하지 못하면 갑자기 급락할 수도 있습니다. 선취매 물량들만 잔뜩 있고 매도할 사람들만 남아 있기 때문입니다. 그러므로 어설픈 특징주 매매는 금물입니다.

진심 어린 충고를 하나 드리고 싶습니다. 현재 정말로 아무런 투자기법도 없이 매매하고 있다면 이번 시장의 소나기는 꼭 피하고 보십시오. 현 시장은 개인투자자들이 수익을 낼 수 없는 시장이라고 생각하면 됩니다. 시장이 좋아질 때까지 관망하며 현금을 보유하고 쉬세요.

요사이 시장 특징이 이렇습니다. 어렵게 10분, 20분 올라갔다가 한 방에 밑으로 내리꽂는 것은 물론, 철저하게 눌림목에서 매수하지 못하고 조금이라도 추격매수를 했다가는 그냥 호구로 전락하는 분위기입니다. 코스닥 시장의 일봉 그래프를 봐도 계속 음봉 일색입니다. 이런 작은 음봉들이 어느 순간 폭발해서 장대음봉으로 변해 투매가 나올지 모르니 장기투자자든 단기투자자든 조심해야 합니다. 코스닥 시장 같은 경우에는 단기로 투매가 나온 이후 다시 들여다봐야 할 것 같네요. 시장이 이렇게 안 좋으니 오후장에는 쉬어야 할 것 같습니다.

보통 주식시장에는 연말 효과 또는 산타랠리가 있기 마련인데, 이번 12월은 날씨는 춥지 않은 반면 개인투자자들이 느끼기에는 주식시장에 찬바람이 쌩쌩 부는 듯싶습니다.

거래소의 경우 〈삼성전자〉를 비롯한 〈SK하이닉스〉 등 우량주들만 상승하는 그들만의 리그가 펼쳐지고 있고, 개인들이 주로 매매하는 코스닥 시장의 경우 수급이라고는 찾아보기 힘든 시장이 계속 연출되고 있습니다. 그나마 수급이 붙는 곳은 정치 테마주로 단타 세력들이 신규로 이낙연 관련주를 계속 만들어 장중 단기매매만 하다가 고점에서 패대기치는 분위기이고, 시장이 안 좋으니 거래량이 작은 우선주를 한두 종목씩 올리고 있어 정말 수익 내기가 쉽지 않은 장입니다. 스캘퍼들은 당일 아침 일찍 대량거래가 터지는 종목에 붙어서 빨리 수익을 내지 못하면 하루 종일 놀아야 할 장입니다.

지금은 내게 수익을 많이 안겨줬던 이전의 주식시장을 생각하면 안 됩니다. "로마에 가면 로마의 법을 따르라."라는 말처럼 주식시장이 힘들 때는 그에 맞춰 매매패턴을 결정해야 합니다.

그동안 말로만 듣던 '주식시장이 어렵다'는 것을 지금 실제로 체험하고 있는 듯합니다. 그러나 주식시장이 계속 이렇게 힘들지는 않을 것이고 시간이 지나면 또 언제 그랬느냐는 듯 좋은 시장이 오게 되어 있습니다.

이런 시장에서는 누가 현금을 보유하면서 잘 버티느냐가 관건입니다. 지금은 매매를 자제하면서 좋은 때를 기다려야 합니다. 스캘퍼들은 딱 9시에서 9시 30분까지 30분만 매매하고 그만하는 게 좋을 듯싶습니다. 수급이 좀 들어온다 싶어 고점에서 덜컥 사면 요즘은 100% 손절매를 해야 하고, 돌파매매하는 사람들은 하루 종일 손절매하다 볼일 다 보는 게 요즘 시장의 분위기인 것 같습니다. 슈팅이 나온다 싶으면 무조건 고점에서 매도하고 장중 저점에서 매수해야 조금이라도 수익을 낼 수 있는 시장입니다.

이 글을 보고 "내 이야기인가?" 하는 사람들이나 현재 손실 중인 사람들은 당분간 매매를 접고, 내년 초쯤 시장의 흐름을 재차 확인한 뒤 투자하세요. 지금 시장은 눌림목매매도 통하지 않는 분위기이니 당분간은 이것도 자제하기 바랍니다.

다들 알겠지만 요사이 수급이 꼬이는 결정적인 원인 중 하나가 기자들이 특징주 기사를 거의 안 쓰고 있다는 것입니다. 시장이 안 좋아서 안 쓰는 것인지 다른 이유가 있는 것인지는 알 수 없지만, 단기 세력들은 특징주를 보고 강력한 매수세를 일으키곤 하는데, 그런 것들이 종합시황 창에 거의 나오지 않으니 시장의 수급이 꼬일 수밖에 없다고 보면 될 것입니다.

그래도 나는 꼭 매매해야겠다면, 평소 거래량이 없다가 갑자기 대량 거래를 수반하는 종목 내지 거래량이 증가하면서 상승하여 신고가를 기록하는 종목만을 대상으로 철저하게 단기 투자로 접근하기 바랍니다.

인생도 주식도 생각의 차이에 달려 있습니다. 인연을 거꾸로 읽으면 연인이 되고 '요새 내 힘들다'를 거꾸로 하면 '다들 힘내세요'가 되는 것처럼, 어려운 시기이지만 조금 참고 기다리는 지혜가 필요한 시점입니다.

매매하지 않으면 현재 내 계좌의 돈은 그대로 남아 있습니다. 때가 아니면 참을 줄도 알아야 하고 길이 아니면 가지 않는 현명함이 필요합니다.

월가의 전설 제시 리버모어의
세 가지 투자 철학을 기억하라

5달러로 시작해서 1억달러라는 수익을 낸 전설적인 투자가이자 월스트리트의 스승인 제시 리버모어는 항상 인내심을 강조했습니다. 그는 자신이 세운 기준에 맞는 때까지 기다렸다가 그 기준에 부합할 때 매수했는데 승률이 7할 이상이었다고 합니다. 개인투자자들이 주식시장에서 질 수밖에 없는 이유는 수익이 나면 또 다른 종목을 서둘러 매수하고 싶어 하는 조급함 때문입니다.

　내가 원하는 자리, 내가 원하는 가격이 올 때까지 기다리고 인내하라는 것이 제시 리버모어가 말하는 투자의 핵심입니다. 장기투자자든 전업투자자든 이 시장에서 살아남고 싶다면 자신이 원하는 장세가 올 때까지 제시 리버모어가 강조한 인내심을 가지고 진득하게 기다리세요. 그러다 보면 수익을 낼 수 있는 기회가 한 달에 세 번 이상 반드시 찾아오게 마련입니다.

제시 리버모어의 투자 인생은 상당히 다이내믹합니다. 15세에 단돈 5달러로 주식투자를 시작해 2조원의 수익을 내고, 파산을 네 번이나 겪으면서 그때마다 재기에 성공한 그의 경이로운 수익률은 아직까지도 깨지지 않은 채 남아 있습니다. 그는 윌리엄 오닐, 잭 슈웨거, 알렉산더 엘더 등이 예찬하는 투자자이기도 하며, 전 세계 펀드매니저의 필독서인 에드윈 르페브르의 《어느 주식투자자의 회상》에 나오는 실제 주인공이기도 합니다.

제시 리버모어의 투자 철학은 크게 세 가지로 나뉩니다.

첫 번째로 자신만의 매매기법이 있어야 한다는 것입니다. 그는 주가의 움직임을 여러 방향으로 해석하고 자신의 기준에 맞게 적용하면서 대응하는 것을 핵심 원칙으로 지킨 덕에 투자에 성공할 수 있었다고 합니다.

두 번째로 종목의 움직임보다 시장을 먼저 봐야 한다는 것입니다. 주식 격언에 "숲을 먼저 보고 나무를 보아라."라는 말이 있지요. 국내 경제 상황은 물론 전 세계의 경제 흐름을 보고 투자하라는 뜻입니다. 자신이 투자한 종목이 아무리 상승추세를 타고 있다고 해도 시장 자체가 약세장이라면 큰 수익을 내기 힘들다는 것을 의미합니다.

마지막으로 세 번째는 인내심이 있어야 한다는 것입니다. 대부분의 개인투자자들은 빨리 원하는 결과를 얻으려고 하기 때문에 한 종목에서 수익이 나면 그 돈을 바로 다른 종목으로 투입하려고 조바심을 냅니다. 하지만 시장의 흐름과 추세를 살피면서 인내심을 가지고 기다리면 훨씬 좋은 기회가 찾아오게 마련이고, 그런 기회가 왔을 때 투자해야 성공할 확률이 훨씬 높아집니다.

《어느 주식투자자의 회상》에 나온 좋은 글귀를 하나 소개합니다.

"감정이 돈을 벌게 할 수도 있고 반대로 파멸시킬 수도 있다는 사실을 알게 되었다. 특히 공포와 탐욕이라는 두 가지 사악한 감정이 문제였다. 공포와 탐욕이 사람을 통제하거나 아니면 사람이 그 감정을 통제하거나 둘 중 하나인 것이다.

시간이란 주식매매에서 가장 필요하고도 실질적인 요소이다. 분석이 무조건 돈을 벌게 해주는 것은 아니다. 지긋이 앉아서 기다리는 것, 그것이 돈을 벌어다 준다."

이 글귀를 보고 지금 어떤 것이 느껴지나요? 주식투자를 하면서 가장 중요한 것은 자신의 감정을 통제하는 것입니다. 이 말이 뜻하는 바는 항상 평정심을 유지하며 시장을 바라보고, 자기 자신을 절제하지 못하면 시장을 절대 이길 수 없으니 시장 상황이 좋지 않으면 자신이 원하는 가격대에 진입할 때까지 인내를 가지고 기다리라는 것입니다.

제시 리버모어는 1877년 미국 매사추세츠주 액톤에서 가난한 농부의 아들로 태어났습니다. 앞날이 보이지 않는 빈농으로 살아가야 한다는 사실을 견디지 못한 그는 초등학교를 졸업하자마자 14세 때 어머니가 마련해준 5달러를 들고 집을 나와 보스턴의 증권회사로 떠났습니다. 보스턴에서 주식 호가판을 관리하는 사환으로 일하게 된 것을 계기로 주식공부를 하면서 모의투자를 시작했고, 15세에 3.12달러 가까이 수익을 올리면서 주식투자 생활을 시작했습니다.

리버모어는 1906년 샌프란시스코의 대지진으로 급격한 하락장세가 시작되던 해에 유니온퍼시픽 주식을 공매도하여 25만달러의 수익을 올렸고, 1907년 10월 24일 주식시장이 대폭락할 때도 공매도로 100만달

불꽃같은 삶을 살다 간 제시 리버모어(출처: 네이버)

러의 수익을 올렸습니다. 그는 이날을 가리켜 '내 인생 최고의 날'이라고
회고했다고 합니다.

그러나 이듬해인 1908년 리버모어는 면화와 밀 상품거래에서 대규모
손실을 입었습니다. 상품 전문가 퍼시 토머스의 조언에 따른 것이 화근
이었고 정보에 좌우되지 않는다는 자신의 원칙을 어긴 대가였지요. 리버
모어는 2만 5,000달러의 자금을 융통해 사설 거래소에서 석 달 만에 11
만 2,000달러의 수익을 올리며 재기했지만, 부채 총액이 100만달러를
넘어 파산 상태였습니다.

그 후 다시 약세장을 포착해 주식투자를 시작한 그는 1917년 빚을 다
갚고 1924년 무렵 밀 상품시장에서 1,000만달러의 수익을 올렸습니다.

1929년 강세장에서 리버모어는 추세 전환을 예상하고 과매수권에 있던 종목들을 고점에서 전부 공매도하는 포지션을 취했습니다. 대부분의 사람들은 강세장에서 공매도를 치는 그를 이해하지 못했으나, 1929년 가을 대폭락 장세에서 그는 1억달러(현재 가치 20억달러)라는 큰 수익을 올렸습니다. 1933년에는 루스벨트 대통령이 뉴딜정책을 펼치는 가운데, 주식시장이 극적인 반전에 성공하면서 공매도로 큰 손실을 입었습니다.

이렇듯 성공과 파산의 과정을 겪으면서 아내 도로시는 알코올 중독에 시달렸고 결혼 14년 만에 결국 이혼하고 말았습니다. 이후 자녀들과도 자주 만나지 못하면서 리버모어는 쇼걸이나 배우들과 어울리며 낭비와 사치로 시간을 보냈습니다. 급기야 여배우에게 혼인빙자간음 혐의로 고소당하고 친한 친구들과도 인연을 끊은 채 정신 나간 사람처럼 지내다가, 1934년 5월 연방법원에서 파산신청을 한 뒤 1940년 11월 28일 호텔에서 권총으로 쓸쓸히 자살했습니다.

경찰은 리버모어의 옷 주머니에서 아내에게 보내는 유서를 발견했는데, 평생 동안 시달린 우울증 등이 자살의 실질적인 원인으로 알려졌습니다. 결국 리버모어는 단기간에 엄청난 수익을 올리고 또 단기간에 큰 손실을 보는 스펙터클한 주식투자로 인해 인생을 마감하게 된 것입니다. 그가 벌어들인 억만금으로 부동산과 같은 다른 유형의 자산을 취득해 어느 정도 재투자해 놨더라면, 또 다른 삶을 살 수도 있지 않았을까 하는 생각도 문득 듭니다.

제시 리버모어는 지금도 월가 역사상 가장 위대한 개인투자자로 기억되고 있습니다. 가치투자의 세계에 워런 버핏이 있다면, 트레이딩의 세계에서는 제시 리버모어가 단연 최고라고 해도 과언이 아닐 것입니다.

주식시장에서 살아남는
심리투자의 법칙

알렉산더 엘더의 책 《주식시장에서 살아남는 심리투자의 법칙》에 이런 내용이 나옵니다. 미국의 사회심리학자들이 1950년대에 실험을 하나 했습니다. 종이 위에 선을 두 개 그려놓고 긴 쪽을 맞추는 실험이었는데, 사람들은 혼자 있을 때는 명확하게 긴 쪽을 맞췄지만, 어떤 집단에 들어가서 다른 구성원들이 틀린 답을 하면 자신의 인지 능력을 상실한 채 그 답을 따라갔다고 합니다. 이 실험으로 어느 쪽이 긴지 명확하더라도 자신의 판단보다는 집단의 판단을 더 신뢰함을 알 수 있었지요.

"집단은 강하나 원초적이고 그들의 행동은 단순하나 반복적이다. 자력으로 생각하는 트레이더는 집단들로부터 돈을 가져올 수 있다."

이런 글귀들이 특히 인상 깊었습니다. 주식 초보자의 경우 포털사이트 종목 게시판에 있는 글들을 읽다 보면 혼란이 가중될 때가 많습니다.

그러므로 그런 말들을 지나치게 신뢰하거나 맹신하지 말고, 자신의 판단과 이성적인 사고방식으로 매매 방향의 가닥을 잡아야 합니다.

"매매 결정을 할 때 다른 사람들의 영향을 받는다면 당신은 성공의 기회를 잃는 것이다. 집단의 강함을 존중하되 두려워하지 마라."

주식투자자로 성공하려면 먼저 독립적으로 사고해야 합니다. 주위의 어떤 것에도 흔들리지 않고 혼자 결정해야 하고, 타인을 모방하지 않으며, 자신의 스타일대로 뚝심 있게 결정하고 매매해야 합니다.

"당신은 자유를 만끽할 수 있다. 전 세계 어디든 원하는 곳에서 살고 일할 수 있다. 판에 박힌 일을 하지 않아도 되고 누구의 눈치를 볼 일도 없다. 이것이 성공한 트레이더의 인생이다."

여러분도 이 책에 나오는 글귀처럼 꼭 성공하는 투자자가 되기 바랍니다.

넓고 깊게
시장과 증권시황
파악하기

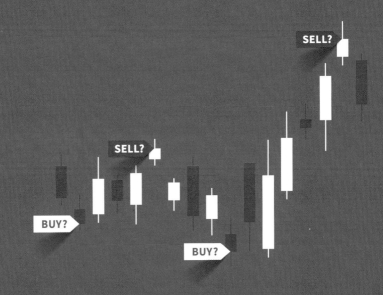

장 시작 전에
종목 리포트를 꼭 읽어보라

• 2018년 12월 10일 •

오늘의 매매일지

종목 ㅣ 풍국주정(023900)

이슈 ㅣ 차세대 기초소재 업체로 변화에 주목 → 호재

흐름 ㅣ 장 시작부터 매수세 유입

결론 ㅣ 종합시황 창에 나오는 뉴스나 종목 리포트를 오전 7시부터 장 시
작 전인 9시까지 꼼꼼히 읽는 습관을 길러야 한다.

오늘은 종합시황 창에 나오는 종목 리포트에 대해 이야기해 보겠습니다. 아침 7시면 각 회사에서 증권거래소로 보낸 공시를 HTS에 있는 종합시황 창에서 볼 수 있습니다. 주식투자를 제대로 하려면 오전 7시부터 9시까지 종합시황 창에 나오는 공시와 시황뉴스를 모두 꼼꼼히 읽는 것이 중요합니다. 저도 주식 초보시절에는 거의 다 읽었는데 요즘은 좀 게을러져서 다 읽지 못하는 편입니다.

이 글을 읽는 독자 중 전업투자자이거나 스캘핑, 시황매매 등을 하고 있다면 무조건 종합시황 창 화면을 보는 습관을 기르세요. 주식수급의 시작은 종합시황 창에 나오는 뉴스에서 비롯된다고 봐도 무방하기 때문입니다.

오늘 아침에는 8시 20분경 리서치알음에서 〈풍국주정〉에 대한 수소

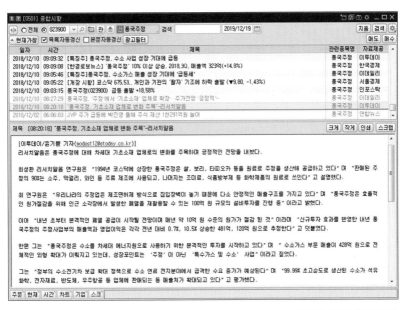

풍국주정 종합시황 창 기사

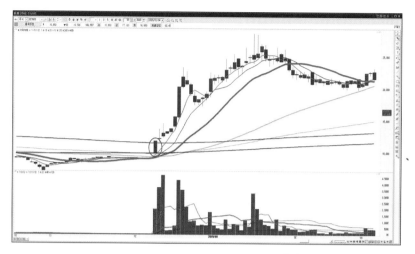

차 리포트를 하나 올렸습니다. 시장 분위기가 좋지 않은 상황에서 내용
이 좋은, 즉 가치 있는 리포트가 나오면 그와 관련된 방향의 테마주로 시
장의 단타 자금이 몰릴 수 있습니다. 사실 리포트가 나와도 얼마나 가치
있는 내용인지 초보자가 판단하기는 쉽지 않습니다. 그렇더라도 종합시
황 창에 나오는 공시나 뉴스를 꾸준히 살펴보세요. 그러다 보면 재료의
값어치를 판별하는 능력이 조금씩 생깁니다.

　오늘 같은 시장에서는 〈풍국주정〉을 시초가부터 매매했어야 했는데,
저도 주가가 많이 오른 상태에서 리포트가 나온 것을 뒤늦게 알았습니
다. 주식시장에서 살아남으려면 끊임없는 노력이 필요합니다. 매일 아침
7시부터 장 시작 전까지 종합시황 창에 나오는 기사나 공시를 읽은 다음
오전 9시에 열릴 시장에 대응해야 합니다. 주식시장에서 가장 중요한 매
매시간은 오전 9시에서 10시입니다. 이 시간에 수익을 내지 못하면 그날

은 단념하는 게 낫습니다.

시장 상황이 좋지 않으면 절대 고집을 부려서는 안 됩니다. 매일 스캘핑을 하면서 손실 난 종목으로 복수혈전을 하려고 한다거나, 오늘 손실난 금액은 무조건 오늘 복구하려고 드는 바보 같은 행동은 자신의 계좌를 더욱 나락으로 떨어지게 할 뿐이라는 것을 기억하세요. 한번 집 나간 멘탈은 단기간에 돌아오지 않습니다. 멘탈이 무너진 상태에서 매매가 잦아지면 시장을 이길 수도 없고 손실만 더 초래하게 됩니다.

이런 날은 정말로 자기 자신을 자제해야 이 시장에서 장수할 수 있다는 이야기를 하고 싶습니다. 손실이 나는 날에는 상승하는 다른 모든 주식이 좋아 보입니다. 그러다 보니 마음만 앞서서 꼭 단기 고점에서 덜컥 매수하고는 계속 손절매만 하게 되지요.

이렇게 오전장에서 손실이 생각보다 크게 난 날은 더 이상 매매하지 않도록 웬만하면 밖으로 나가든지 하는 것이 좋습니다. 사람인지라 이렇게 실천하는 것이 쉽지는 않지요. 손실 금액도 자신이 감내할 수 있는 금액 정도까지는 괜찮은데 그 이상으로 커지다 보면 다음 날 매매에도 영향을 받게 됩니다. 손실이 날 때 멘탈까지 나가지 않게 꽉 붙잡아두는 법을 터득하는 것이 중요한 이유입니다.

미국과 우리나라의
주식시장은 함께 움직인다

• 2018년 12월 24일 •

오늘은 미국 주식시장의 급락으로 우리 주식시장도 -1% 가까운 하락세로 출발해서 지수가 시초가 부근에서 마무리되었고, 코스피와 코스닥의 일봉차트는 아직 조금 불안하게 보이기도 합니다. 2018년 10월 31일 저점 부근까지 다시 한번 하락해서 두 번째 바닥을 시험할 수도 있겠다는 판단이 듭니다.

미국의 다우산업지수 일봉차트를 보면 480일 이동평균선도 하향 이탈하는 음봉으로 마감했습니다. 제가 미국 증시를 안 좋게 보는 이유 중 하나가 최근 몇 년간 미국 주식시장의 일봉차트가 480일선까지 내려온 적이 단 한 번도 없었다는 점입니다.

일봉차트를 보면 위로만 겹겹이 매물이 존재하고 아래로는 마치 지옥으로 가는 계곡처럼 하방으로 많이 열려 있음을 알 수 있습니다. 간혹 다

다우산업지수 일봉차트

우지수가 어제는 급락했다가 오늘은 급등하는 모습을 보이기도 하지만, 오늘 또다시 급락할 가능성도 있기 때문에 굳이 안 좋은 일봉차트를 보면서 주식을 많이 홀딩할 이유는 없습니다.

손실 없이 원금이라도 잘 보존하면 언제든지 기회는 또 오게 마련입니다. 단기매매를 하는 사람들 중 어제까지는 수익이 잘 나오다가도 오늘 오전장에 수익이 나지 않으면 조급해하는 사람이 많은데, 우리가 신이 아닌 이상 수익이 안 나는 날도 있기 마련이지요. 그럴 때는 오늘은 시장이 안 좋아서 그렇겠거니 하고 넘겨야 합니다.

"나는 오늘도 무조건 돈을 벌 거야!" 하고 덤벼들면 그 길로 계좌에 손실이 나기 시작합니다. 수익이 나지 않는 날은 추가로 매매하지 말고 자신의 멘탈을 다져야 합니다. 스스로 마인드 컨트롤하는 연습을 계속해서 유리 멘탈이 아닌 강철 멘탈을 길러 보세요.

그린스펀 전 의장은 스태그플레이션 가능성을 거론하면서 "얼마나 오랫동안 지속될지, 그 강도가 어느 정도일지를 얘기하기에는 너무 이르다."라고 말했습니다. 스태그플레이션은 스태그네이션(경기 침체)과 인플레이션(물가 상승)의 합성어로 경기가 크게 둔화하는 상황에서 이례적으로 물가가 뛰는 상황을 말합니다.

주식투자를 하려면 경제공부까지 같이 해야 하니 참 어렵습니다. 하여튼 그린스펀 전 의장의 말도 귀담아 들을 겸 당분간은 조심하는 것이 좋을 것 같네요.

오늘 저도 신규 주를 매매하느라 추격매수를 약간 했더니 여지없이 손실이 났습니다. 추격매수는 무조건 손실이라고 생각하고 그런 습관이 있다면 반드시 고치기 바랍니다.

당분간 시장 분위기도 안 좋을 것 같고 하니, 특별한 종목을 제외하고는 현금으로 넘어가서 당일 정산을 원칙으로 해야겠습니다. 시장이 좋지 않은 것은 누구에게나 마찬가지입니다. 아무리 마음이 급해도 한 번쯤 주위를 둘러보고 냉정해질 필요가 있습니다. 하락장세에서는 한 템포 쉬어가는 것도 마인드 컨트롤 하는 데 도움이 될 것입니다.

연초 시장의 주가 조정은
배당락에 따른 것일 수 있다

• 2018년 12월 27일 •

오늘은 시장에서 이슈가 되는 배당락에 대해 알아보겠습니다. 기업의 주식에 투자한 사람은 기업이 벌어들인 수익의 전부나 일부를 매년 배당금으로 받을 수 있는 권리를 가지게 됩니다. 일반적으로 매우 특이한 회사가 아니라면 결산일은 보통 12월 31일입니다.

주식을 매수하면 2거래일 이후에 결제가 됩니다. 아주 예진에 주식 거래를 수기로 하던 시절에는 잘못된 주식 주문을 막기 위해서 주식을 입출고하고 거래 대금을 주고받는 데 2거래일이라는 간격을 두었는데, 이것이 전산화된 이후인 지금까지도 이어지고 있지요. 결제 마지막 날 자신의 계좌에 주식이 있어야 배당을 받을 수 있으므로, 12월 28일(금요일)이 폐장일이니까 12월 26일인 어제까지 주식을 가지고 있어야만 연말 주주명부에 올라갈 수 있습니다. 주주명부에 이름이 있어야 주식 배당이든 현금 배당이든 받을 수 있지요. 은행주의 경우 시가 대비 4% 정도를 현금으로 배당하기 때문에 오늘 주가가 배당락으로 인해 대부분 -4% 정도 빠져서 시작하고 마이너스로 마감한 것입니다.

배당락은 두 가지 의미로 사용되는데, 그중 하나는 '배당기준일이 경과해서 배당금 받을 권리가 없어지는 것'입니다. 나머지 하나는 주식 배당으로 주식수가 늘어난 것을 감안해, 시가총액을 배당락 전과 동일하게 맞추기 위해 '주가를 인위적으로 떨어뜨리는 것'을 말합니다. 주식 배당을 할 때 다른 조건에는 변화 없이 회사의 주식수가 늘어나면 1주당 가치가 그만큼 떨어진다고 판단하고, 주당 가치가 하락하는 것을 반영해 증권거래소가 주가를 배당률만큼 낮추는 조치를 배당락이라고 합니다.

미국 전시회 일정도
꼼꼼히 챙기자

• 2019년 1월 초 •

매년 연초 미국에서는 바이오쪽 행사인 'JP모건 헬스케어 컨퍼런스'와 '2019 CES'라는 두 가지 중요한 전시회가 개최됩니다. 이런 일정들은 사전에 예고되므로 인터넷에서 잘 검색하여 관련주를 저점에서 미리 선취매했다가, 언론에 부각되어 주가가 올라가면 고점에 매도하는 것을 일정 관련 재료주 매매라고 할 수 있습니다.

이번 전시회에서 〈삼성바이오로직스〉와 〈셀트리온〉은 투자자들을 상대로 기업설명회를 열 수 있는 메인 트랙에, 〈한미약품〉 등을 비롯한 7개사는 아시아 트랙에 설 것으로 알려졌습니다. 이런 행사가 있으면 라이센싱 아웃(기술 수출)이 한두 건은 나올 수도 있기 때문에 바이오주도 한번 눈여겨볼 필요가 있습니다. 공식 초청 기업 외에도 여러 기업들이 참가하는 만큼 뉴스를 검색해서 어떤 기업들이 참가하는지 체크하는 등 관

'투자 올림픽' JP모건 컨퍼런스, 기술수출 '대박' 재현될까,
국내사 공식초청 9개사 외 20여개사 홍보부스 꾸려

익일 새벽부터 국내 제약·바이오기업들이 해외 시장 진출을 위해 박차를 가한다. 전 세계 투자자를 상대로 자사의 능력을 뽐내는 'JP모건 헬스케어 컨퍼런스'가 시작되기 때문이다. 7일 업계에 따르면 현지시간 7일(우리 시간 8일 새벽)부터 미국 샌프란시스코에서 제37회 JP모건 헬스케어 컨퍼런스가 열릴 예정이다. 이날 주최측의 공식 초청을 받은 곳은 삼성바이오로직스와 셀트리온, 한미약품, 바이오메드, 메디톡스, LG화학, 코오롱티슈진, 한독, 강스템바이오텍 등 총 9곳이다.

약사공론 기사 발췌, 2019-01-07 06:00:30

심을 기울여야 합니다.

각종 언론 매체나 인터넷에서 뉴스가 나와도 일반인들은 그냥 지나치겠지만, 주식투자자라면 스마트폰 캘린더에 일정을 꼼꼼하게 저장해 뒀다가 일정이 다가오면 관련 종목을 관심 있게 지켜봐야 합니다.

'2019 CES'에서 〈삼성전자〉가 과연 어떤 부문의 혁신적인 신기술을 발표하느냐 하는 것들을 재료로 삼아 주식시장에서 관련주와 바로 연결할 수 있습니다. 주식투자를 잘하려면 이런 일정주를 찾기 위해 부단한 노력이 필요하다는 것을 기억하고, 이를 위해 인터넷 검색 능력도 틈틈이 길러두길 바랍니다.

하락장세에는
스캘핑 베팅 금액을 줄여라

요사이 시장 분위기가 안 좋아 손실 보는 사람들이 많을 듯합니다. 지금 시장에서 중요한 핵심 포인트는 '수익을 내기보다는 손실을 최소화하는 것'입니다. 그간 좋은 시장만 접하다가 이런 하락장세를 처음 접하고는 멘탈이 완전히 붕괴되는 사람들이 상당히 많은데, 이럴 때는 아예 매매를 하지 않으면 최소한 본전은 챙길 수 있습니다. 스캘퍼들도 아주 고수가 아닌 이상 당분간은 주식을 홀딩하지 말고 현금화해서 당일에 정산하는 것이 요즘은 최고의 투자 방법입니다.

미중 무역전쟁과 환율 등 대외여건이 개선될 때까지는 소극적인 매매 또는 쉬는 것 또한 좋은 투자 방법으로 볼 수 있는 시기입니다. 지금 시장에서는 수익을 내기보다 내가 가진 돈을 지키며 최대한 리스크 관리에 신경 써야 합니다. 매번 이야기하지만 손실이 나면 마음이 조급해지고,

매일 추격매수를 하면서 멘탈은 어느새 집을 나가며, 손실 났다고 계속 신용이나 스톡론 같은 것을 이용하다 보면 정말 엄청나게 큰 손실을 볼 수 있습니다. 지금은 현금을 보유하면서 좋은 때가 오기를 기다려야 합니다.

미중 무역전쟁의 본격적인 서막이 이제 본격적으로 시작된 듯 보이니, 6월 중순까지는 전 세계 증시 상황도 함께 체크하면서 트럼프의 입을 항상 주시해야 할 것 같습니다.

요사이 시장이 좋지 않은 터라 저도 한 번에 스캘핑으로 주문할 수 있는 금액을 기존의 5,000만원에서 2,000만~3,000만원으로 낮췄습니다. 요즘은 종합시황 창에 나오는 시황을 보고 하는 시황매매가 아니면 거의 하지 않는 편입니다. 이런 힘든 장세에는 '무리하지 말고 좋은 때를 기다리자'는 마인드로 기다려야 합니다.

주식투자는 단기간에 끝나는 것이 아니라 우리 인생처럼 아주 길게 이어지는 여행입니다. 여행의 끝이 어떨지는 아무도 모르지요. 다만 좋은 곳으로 가기 위해서는 조금 더디더라도 충분히 쉬어가면서 때로는 재충전하는 시간도 필요할 거라고 봅니다. 지금은 주식시장에서 좋은 때를 기다릴 줄 아는 지혜가 필요한 시점입니다.

매일 뉴스를 검색하면서
시장의 재료를 찾아라

• 2019년 1월 30일 •

매일 주식투자를 하는 전업투자자들은 저녁마다 새로운 뉴스를 찾고 내일 시장에 호재로 반영될 만한 임팩트가 있는 기사들을 검색합니다. 주식 초보들은 사실 이런 검색도 어떻게 해야 할지 막막할 것입니다. 오늘 오전장에서는 어제 〈삼성전자〉가 비메모리 반도체에서 세계 1위를 목표로 설정했다는 기사들 때문에 비메모리 관련주들이 초강세를 보였습니다. 주식투자를 잘하려면 장 마감 이후라도 어떤 뉴스가 내일 주식시장에 영향력을 미칠지 알아보는 안목도 키워야 합니다.

저는 강의할 때 '주식은 과학'이라고 늘 이야기합니다. 일봉차트, 분봉차트도 모르고 감으로 매매하는 사람들도 많겠지만, 주식시장에서 시간대별로 이동평균선과 캔들을 보면 지지와 저항이 신기할 정도로 과학적으로 움직입니다. 그렇기 때문에 많은 사람들이 기술적 차트인 분봉차트를 보고 매매하는 것이지요.

세상을 살면서 요행으로 성공하기를 바라지 마세요. 아무것도 모르는 까막눈으로 이때까지 주식투자를 했다면 지금이라도 생각을 바꾸고, 매일 30분이라도 투자해서 유튜브 같은 것을 활용하여 주식공부를 제대로 해서 이기는 게임을 해보길 바랍니다. 할 수 있다는 신념으로 차트를 공부하고 주식시장에서 주가가 내 생각대로 움직이는 것을 볼 때, 그야말로 희열을 느끼게 될 것입니다.

오늘 주식시장에서는 김경수 경남도지사의 징역 2년 실형 선고와 법정구속이 시간외단일가에서 유시민 관련주들에 호재로 작용하고 있네요. 〈포비스티앤씨〉가 시간외단일가에서 상한가를 기록하고 있고 〈보해양조〉, 〈홍국〉 같은 종목들이 급등하는 추세입니다.

이런 모습을 볼 때마다 주식을 잘하려면 머리가 비상하게 돌아가야 한다는 것을 새삼 느낍니다. 정치적인 이런 뉴스로 인해 주가가 엄청나게 요동치는 것에서 알 수 있듯, 이 시장에서 살아남기 위해서는 재료가 주가에 미치는 영향력을 파악할 줄 알아야 합니다.

주식을 하다 보면 정말로 정치, 사회, 경제 모든 부분에서 박식해야 한다는 것을 시간외단일가에서 매매하면서 많이 느낀 하루였습니다.

파미셀 하한가 따라잡기, 셀그램-LC 조건부 허가 반려 악재가 발생하다

• 2018년 10월 10일 •

저는 점심때 부근에는 웬만하면 주식을 매매하지 않는 편입니다. 오늘은 셀그램-LC의 조건부 허가 반려 악재로 인해 〈파미셀〉의 매도잔량이 시초가부터 하한가에 500만주 이상 쌓여 있었습니다. 그런데 하한가임에도 불구하고 점심때 부근부터 큰 매수물량이 지속적으로 들어오더니 결국 12시 12분경 하따(하한가 따라잡기)하는 세력으로 인해 하한가가 풀렸습니다.

이런 하따의 경우 잔량이 어느 정도인지 확인하고 매수 버튼을 누르면 이미 하한가가 풀려 버린 이후입니다. 하한가 매도잔량이 200만주 이하로 줄어들면서 현재가 창에서 큰 매수물량이 들어오는 체결창을 보고 곧바로 매수 버튼을 눌러야만 하한가에 매수할 수 있습니다. 오늘 같은 경우도 하한가 매도잔량이 200만주 정도 잠깐 보이더니 바로 하한가가 풀렸습니다. 하한가가 풀리겠다 싶으면 큰손들이 바로 몇 십만주씩 주문하기 때문에 '하한가가 풀리면 사야지.' 하고 마음먹으면 절대로 하따에 성공할 수 없습니다. 세력들은 보통 이런 하따에 물량을 대량으로 매수해서 1~3% 정도 수익이 나면 매도한다고 보면 됩니다. 그래서 이런 하따의 경우에는 너무 큰 수익을 노리기보다는 매수물량을 대량으로 해서 작게 수익을 보고 매도하는 전략을 쓰는 것이 좋습니다.

요즘 실적 시즌이라 기업들의 작년 4분기 실적이 지속적으로 발표되고 있습니다. 코스닥 기업의 경우 4년 연속 적자를 기록하면 관리종목으로 편입되고, 5년 연속 적자인 경우에는 상장폐지 요건이 됩니다. 그러면 3월 말경 상장폐지 될 수도 있습니다.

보유한 주식의 손실폭이 크다고 그냥 방치하면 안 됩니다. 상장폐지가 되면 휴지 조각이 돼버리니 3월이 되기 전에 미리미리 보유 주식을 점검해보세요. 늦어도 3월 20일까지는 종목시황이나 전자공시시스템에 접속해서 자신이 주식을 보유한 기업의 실적 발표를 꼭 확인해보기 바랍니다.

본주보다 유통물량이 적은 우선주의
주가 변동폭이 더 크다

• 2019년 10월 10일 •

주식을 하다 보면 가장 많이 느끼는 것이 사고 싶은 욕구가 충만할 때 그 부근이 주가의 고점이라는 것입니다. 그간 항공주들이 하늘 높은 줄 모르고 상승하더니, 역시나 장대양봉 캔들이 두세 개 정도 나오면 단기 고점이라 조정 파동이 온다는 사실을 여실히 보여주었습니다. 시장이 좋을 때 주식투자를 시작한 초보자들은 주가가 한없이 올라갈 거라고 생각하지만 그렇지 않습니다.

주식투자를 할 때는 항상 매수하려는 사람과 매도하려는 사람의 수급 논리로 철저하게 접근해야 합니다. 요즘 천당과 지옥을 오가는 〈한진칼〉 우선주, 〈금호산업〉 우선주, 〈SK네트웍스〉 우선주와 같은 종목들은 본주보다 주식수가 적다 보니 적은 돈에 의해서도 주가가 급등락하기 마련입니다. 마음만 급해서 많이 상승한 이런 우선주 종목들을 잘못 매수했다가는 다시는 돌아오지 않을 고점에서 매수하는 셈이 될 수도 있습니다. 빨리빨리 대응할 수 없는 직장인 투자자라면 우선주 매매는 하지 않는 것이 좋습니다.

단기에 급등하는 종목의 경우, 기술적 분석으로 보면 일봉차트에서 5일 동안의 평균을 선으로 만든 5일 이동평균선이 지지되는지 잘 보아야 합니다. 단기 급등주 차트에서는 캔들이 5일 이동평균선이나 10일 이동평균선을 꼭 지지해줘야 합니다. 5일 이동평균선과 이격이 많이 벌어지면 급등했던 종목도 5일 이동평균선 부근까지 내려오기 마련입니다. 〈아시아나항공〉의 경우에도 끝없이 상승할 것처럼 보였으나 결국 주가가 조정받으면서, 오늘 일봉차트에서 5일 이동평균선을 장중에 살짝 이탈했다가 양봉으로 마감했습니다. 급등한 종목은 5일 이동평균선 부근에서, 혹은 그 선을 살짝 깨고 다시 회복하면 그때 매매하면 됩니다.

매각 이슈로 〈아시아나항공〉이 급등한 초기 차트의 모습입니다. 주가

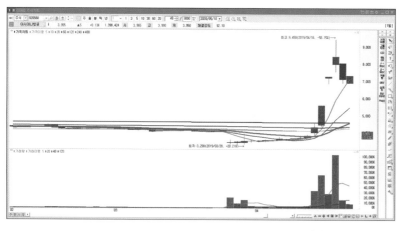

아시아나항공 일봉차트

는 대부분 좋은 재료에 의해서 상승하다가 급등주의 경우 2~3일 짧은 단기 조정을 받고, 5일 이동평균선을 지키면서 추가 상승을 시도합니다. 5일 이동평균선에 한 번 터치하면서 거래량과 탄력이 조금씩 둔화하고, 추가로 상승하려고 해도 파동의 힘이 크지 않으면 대부분 크게 상승하지 못한 채 앞 차트에서처럼 전고점 부분과 비슷한 가격의 쌍봉을 찍고 내려오기 마련입니다.

오전장에서 손실이 나더라도
손실 만회를 위한 폭풍매매는 하지 마라

• 2019년 5월 8일 •

오늘의 매매일지

종목 ｜ 나무기술(242040)

이슈 ｜ 일봉상 신고가 패턴의 종목 → 호재

흐름 ｜ 시간외단일가의 강한 상승 흐름

결론 ｜ 홀딩할 종목을 매수할 때는 항상 신고가 부근의 종목을 보는 것이
좋고, 이 종목이 다음 날 아침 갭 상승으로 시작하면 곧 신고가에
진입한다는 것을 알아야 한다.

요사이 시장이 좋지 않지만 인스타그램 피드에 올라오는 제자들의 매매일지는 매일 빨간불이라 주식시장이 좋은 건지 안 좋은 건지 판단하기 힘드네요.

모처럼 제주도 별장에 가서 1주일 정도 힐링하려고 했다가, 도저히 매매시스템에 적응이 안 되어서 어젯밤 비행기로 육지로 나왔습니다.

지난 주말 연휴 때 혹시나 대북 관련 호재가 나오려나 하고 대북주를 좀 홀딩했더니, 그사이 김정은이 미사일을 쏘아대는 바람에 어제 오전장 시작 후 주가가 갭 하락으로 출발했고 매도하고 나니 계좌에 -1,000만 원이 찍혔습니다. 그래서 오전장은 그만하고 쉬다가 오후장에 좀 만회하려고 〈우성사료〉에 꽂혀서 매매한 결과 -2,140만 원까지 손실을 기록했습니다.

어제는 올해 들어 가장 손실이 큰 하루였던 것 같습니다. 평소에는 이렇게 무리하게 매매하지 않는데 장 시작 후 손실을 보다 보니 저도 모르게 멘탈이 붕괴된 것 같습니다.

[0612] 당일매매일지										
당일매매일지 | 기간별매매일지 | 기간종목별매매일지 | 기간종목별상세 | 월별손익현황 | 건일대비평가손익 | 일자별평가손익										
강창권 **** 기준일 2019/05/07 ☑매매비용포함 ☐매수에 대한 매도						기간별 종목별 도움말 조회				
금일 매수금액	1,168,695,440	출금가능금액	113,249	예수금	113,249	총 매매비용	4,451,801			
금일 매도금액	1,390,844,570	D+1 정산금액	0	D+1 추정예수금	113,249	총 손익금액	-21,435,563			
금일 정산금액	217,697,329	D+2 정산금액	0	D+2 추정예수금	113,249	총 수익률	-1.52			

종목명	잔고수량	잔고평균단가	금일매수 수량	평균단가	매수금액	금일매도 수량	평균단가	매도금액	매매비용	손익금액	수익률
한탑	0	0	6,479	3,002	19,450,595	26,845	2,977	79,925,775	255,722	-44,564	-0.06
한창	0	0	0	0	0	10,000	3,271	32,716,200	104,890	-2,286,590	-6.53
한일사료	0	0	31,496	2,526	79,559,705	31,496	2,563	80,735,995	258,174	917,985	1.15
우성사료	0	0	141,797	4,062	576,108,205	141,797	4,008	568,350,070	1,819,262	-9,577,511	-1.66
태림포장	0	0	11,013	6,567	72,324,720	11,013	6,600	72,685,800	232,539	128,577	0.18
신성이엔지	0	0	16,447	1,240	20,394,280	16,447	1,255	20,640,985	66,002	180,703	0.88
흥구석유	0	0	2,783	8,020	22,319,660	2,783	7,990	22,236,170	71,159	-154,649	-0.69
대성미생물	0	0	0	0	0	3,400	21,338	72,552,100	232,333	-1,975,945	-2.65
씨트리	0	0	2,743	5,865	16,089,510	2,743	5,850	16,046,550	51,334	-94,290	-0.58
펜스타엔터프라이즈	0	0	0	0	0	60,000	1,102	66,150,000	211,941	-3,736,972	-5.35
전파기국식	0	0	3,980	5,170	20,576,600	3,980	5,270	20,974,600	67,063	330,937	1.60
에지온	0	0	1,198	123,261	147,667,400	1,198	122,155	146,342,400	468,418	-1,793,420	-1.21

당일매매일지는 최근 1년 데이터만 조회 가능합니다.

주문 체결 현재 시간 차트 MA2795 조회가 완료 되었습니다. [13_13]

어제 오후장에 매매한 우성사료 매매일지

남에게 지고는 못 사는 성격이라 일단 제주도에서 철수해서 복구하자 생각하고 저녁 비행기로 올라와 곧장 사무실로 나왔습니다. 원래 성격이 오버나잇(당일 매수, 익일 매도)을 잘하지 않는데도 불구하고, 어제부터 다시 나의 원칙을 지키자 생각하고, 어제는 거의 주식을 홀딩하지 않고 오늘 아침부터 다시 마음을 다잡고 천천히 가자는 마음으로 오전장을 시작했습니다.

장 시작 후 300만원 정도까지 수익을 냈습니다. 보통 때 같으면 매매를 멈췄겠지만, 어제 손실 난 금액을 생각하니 수익 난 금액으로 만족하지 못하고 또 폭풍매매를 하게 되었습니다. 종합시황 창에 〈상보〉라는 종목의 기사가 나왔을 때 베팅이 최고조에 이르렀고, 상한가 진입에 실패한 후 15만주를 매도하고 나니 계좌에는 -1,100만원이 찍혔습니다.

오전장에 또 한 번 멘탈 붕괴를 경험한 뒤 잠시 숨을 고른 다음, 오전 11시쯤에는 메이저리그 류현진 경기나 보자고 생각하고 2시간 동안 야구를 보면서 마음을 가라앉혔습니다. 지난 20년간 이 시장에서 이런저런

오전장에 매매한 상보 매매일지

경험을 쌓은 저조차도 이렇듯 가끔은 빨리 손실을 복구하려고 덤비는데 초보자들은 오죽하겠나 싶습니다. 정말로 이런 마음들을 잘 다잡아야 멘탈이 무너지지 않습니다.

이어진 오후장에는 특별히 할 것도 없고 해서, 오늘은 이대로 넘기고 천천히 만회하자고 생각하고 종목을 검색하던 중 〈나무기술〉이란 종목이 눈에 들어왔습니다.

어제 대량거래가 발생했고 오늘 조정 캔들이 발생하면서 거래량이 어제의 3분의 1 이하로 줄어들었기에 '내일 갭 상승으로 출발하면 일봉차트가 참 좋겠다.'라고 생각하고 이 종목을 3시부터 조금씩 매수했습니다.

어제 손실도 크고 오늘 장 마감 전까지도 마이너스라 베팅도 크게 하지 못하고 3만주 정도만 매수했는데, 장후 시간외호가에서 매수물량이 12만주 정도 있었습니다. 시간외단일가 첫 타임에 8% 가까이 상승하기에 '어떤 세력이 오늘 하루 종일 이 종목을 매수해서 시간외단일가에서 주가를 올린 다음, 내일 슈팅해서 매도하려나 보다.' 하고 생각했습니다.

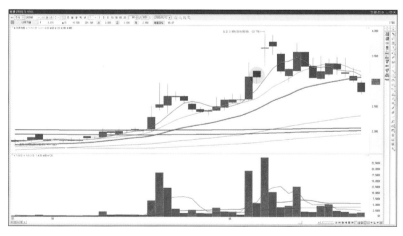

나무기술 일봉차트(2019년 5월 8일)

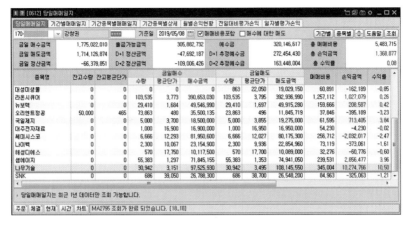

오후장에 매매한 나무기술 매매일지

　여기서 가장 중요한 포인트는 홀딩할 종목을 매수할 때는 항상 신고가 부근의 종목을 보는 것이 좋고, '이 종목이 내일 아침에 갭 상승을 하면 어떨까?' 하고 생각해봐야 한다는 것입니다. 이 말은 내일 아침 〈나무기술〉이란 종목의 시초가가 갭 상승으로 시작하면 곧 신고가가 된다는 뜻입니다. 이날 이 종목은 시간외단일가에서 상한가에 진입했고 다음 날 시초가가 +14% 정도 갭 상승으로 출발했습니다.

　이런 종목에서 보듯 신고가 영역 부근에서 전날 장대양봉의 캔들이 발생하고, 당일 거래량이 전날보다 삼분의 일 정도로 현저하게 줄어들며, 다음 날 갭 상승으로 출발해 신고가 자리일 것 같다 싶으면 종가 베팅 종목으로 꼭 한번 홀딩해보기 바랍니다.

　저는 시간외단일가 상한가 부근에서 전량 매도했습니다. 〈나무기술〉 덕분에 오늘 1,100만 원 정도 났던 손실을 시간외단일가에서 거의 만회해 계좌가 플러스로 바뀌었고, 덕분에 멘탈도 서서히 회복할 수 있었습니다.

정말 어제와 오늘 이틀간 스펙터클한 매매를 거치면서 신경을 많이 썼더니 승모근 쪽이 많이 아프네요. 저녁에 헬스장에 가서 뭉쳐 있는 근육을 운동으로 좀 풀어야겠습니다. 수익 나는 날과 손실 나는 날 목과 어깨의 뻐근한 정도가 현저히 다르다는 것은 여러분도 매매를 하고 난 후 많이 느끼는 부분이 아닐까 싶습니다.

환율도
주식시장에 영향을 미친다

• 2019년 5월 20일 •

오늘의 매매일지

종목 | 유니온(000910)

이슈 | 중국 시진핑의 희토류 공장 방문 → 호재

흐름 | 매수세가 몰려 시간외단일가에서 상한가 진입

결론 | 기사의 제목을 보고 과연 어떤 종목이 관련주인지, 다음 날 주가와
연동될 것인지 여부를 판단하는 능력을 길러야 한다.

이번 달에 외국인과 기관투자자는 코스피 시장에서 현재까지 1조원이 넘게 현물을 순매도했습니다. 이는 이들이 현 시장을 안 좋게 보고 있다는 것을 여실히 나타내는 것으로, 이들이 매도한 물량은 개인투자자들이 고스란히 받아갔습니다. 주식시장에서는 대체적으로 기관투자자나 외국인들이 순매수를 해줘야 주가가 상승으로 움직이고, 개인투자자들이 매수하면 하방으로 가는 경우가 많습니다. 최근 들어 원/달러 환율의 움직임도 심상치 않은데, 원/달러 환율이 1,200원을 넘어가면 주식시장에는 악재가 될 수밖에 없습니다.

이전에는 환율 상승이 수출 제품의 가격경쟁력을 높여서 실물 경기를 회복시키는 역할을 했지만, 최근에는 이런 효과가 크게 줄었습니다. 그리고 주력 업종의 경쟁력 하락으로 수출물량이 줄어들고 있어서 환율 상승으로 인한 긍정적 효과도 크지 않다고 합니다. 반면에 급격한 환율 상승은 금융시장에 불안을 가중시켜 경기에 부정적인 영향을 미치고, 불확실성을 증폭시켜 소비와 투자를 위축시킬 수 있습니다. 만약 국제유가 상승기에 환율까지 가파르게 오르면 수입 물가가 올라 가계 소비가 위축될 염려도 있는 상황입니다. 미중 무역전쟁이 해결될 때까지는 무리하지 말고 리스크 관리를 지속해야 한다는 것을 꼭 명심하고, 계좌에 현금 비중을 늘려두기 바랍니다.

어제 오후 시간외단일가 시간에 종합시황 창을 보는데 연합뉴스에서 중국의 시진핑이 희토류 공장을 방문했다는 기사가 나온 것을 보았습니다. '그렇다면 시장에서 희토류 관련주들이 주목을 받지 않을까?' 하고 생각하고 시간외단일가에서 희토류 관련주를 매수할까 싶어서 살펴보았습니다.

희토류 관련주인 〈유니온〉과 〈유니온머티리얼〉을 사려고 보니 매수, 매도호가가 엉성하기에 살짝 발만 담갔는데 매수세가 몰려 시간외단일가에서 상한가로 가버렸습니다. 그리고 오늘 시초가에 갭 상승이 많이 뜨기에 바로 정리했습니다.

이렇듯 기사의 제목을 보고 과연 어떤 종목이 관련주인지, 다음 날 주가와 연동될 것인지 여부를 판단하는 능력 또한 시장에서 쌓은 오랜 경험에서 나온다고 할 수 있습니다.

기업 분리 상장 시 첫날 매수하지 못하면
점상한가 출발 시 매수가 어렵다

• 2019년 10월 21일 •

오늘은 요즘 주식시장에서 가장 핫한 〈두산솔루스〉에 대해 잠시 이야기해볼까 합니다. 〈두산솔루스〉는 두산에서 분리되면서 상장했는데, 소액투자자들이 매수할 수 있는 기회는 첫째 날 100%로 출발해서 주가가 30% 상승했던 당일밖에 없었습니다.

물론 이마저도 전국에서 1번 주문에 줄을 서야 매수할 수 있었기에 개인투자자들에게는 상당히 어려웠다고 봐야겠지요. 〈두산퓨얼셀〉의 경우에는 제 주위 전업투자자들 중에 5만주 정도 매수주문에 성공한 사람이 한두 명 있었습니다. 예전에는 저도 매수 1번 줄서기의 대가였는데, 요사이는 미래에셋증권과 대우증권이 통합되어서 그런지 빠른 주문이 잘 들어가지 않더군요.

〈두산솔루스〉를 100주라도 잡으려면 오늘까지 최소 1만주 정도는 상한가에 매수해야 합니다. 그래야 분할 매수의 원칙에 따라서 100주를 배분받을 수 있지요. 매일 아침 시작가가 상한가로 출발하는 경우 주문하는 가격은 똑같이 상한가일 것이고, 시간 우선과 수량 우선의 원칙에 의해 건당 가장 많은 수량을 상한가에 주문한 순서대로 100주를 배분하는 시스템이기 때문에 소액을 운영하는 개인투자자들은 아무리 상한가에 매수주문을 넣더라도 절대 매수할 수 없다는 것을 알아야 합니다.

내일은 〈두산솔루스〉가 투자경고종목으로 지정되어 증거금이 100% 적용되고 미수 주문도 안 되므로, 상한가 매수잔량도 어느 정도 줄어들고 이익을 실현한 매도물량도 나오지 않을까 싶습니다. 하지만 막상 또 상한가가 풀려버리면 먹을 구간도 별로 없을 것 같네요.

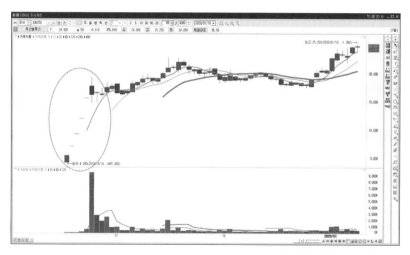

두산솔루스 신규 상장 점상한가 5번 일봉차트

중동정세와 국제유가도
주식시장에 영향을 미친다

• 2020년 1월 8일 •

오늘의 매매일지

종목 | 흥구석유(024060)

이슈 | 중동정세 불안으로 인한 유가 상승 → 호재

흐름 | 예상체결호가는 마이너스였으나 실제 시초가는 갭 상승으로 출발

결론 | 미국과 이란의 전쟁놀이는 주식시장에서 유가, 금, 전쟁 관련주들에 강력한 호재로 작용한다. 인베스팅닷컴의 원자재 부분에서 WTI, 국제 금값을 실시간으로 확인하면서 매매에 대응하자.

오늘 아침에도 여느 때처럼 컴퓨터 앞에서 종합시황 창을 보고 있는데 오전 8시 14분에 "1보: 이라크 아인 알아사드 美공군기지에 로켓포 6발 낙하"라는 속보가 나왔습니다. 재빨리 인베스팅닷컴(kr.investing.com)에 접속해서 국제유가 WTI 선물 차트를 띄우고 국제유가가 상승으로 급반전하는 것을 보면서, 장 개시 전 유가 관련주들에 매수주문을 넣어야겠다고 판단했습니다.

전일 시간외단일가에서 상승한 종목은 장전시간외에서 매도가 나오지 않을 것 같아, 전일 시간외단일가에서 조금이라도 하락한 종목을 타깃으로 해야 했습니다. 하락한 종목을 찾아보니 〈흥구석유〉란 종목이 시

국제유가 관련 종합시황 창 기사

간외단일가에서 -1.6%로 마감한 것을 보고 키움증권 계좌로 3만주 매수 주문을 넣었는데, 장전시간외에 8만주 정도 거래량 중 키움증권 계좌로 3만주가 매수 체결되었습니다. 일반투자자나 전업투자자 중에서 시간외 단일가에서 주가가 하락하면 장전시간외에 매도주문을 내는 사람들이 있는데, 이는 종합시황 창을 실시간으로 보고 있지 않아서 이런 상황을 모르기 때문에 생기는 현상입니다.

아침 호가창에서도 8시 55분까지는 예상체결호가가 마이너스였다가 실제로 아침 시초가 체결가는 거의 +6%로 출발했습니다. 주식의 진정한 매수세는 8시 59분 50초 이후에 들어온다는 것 또한 초보자들이 알아야 할 부분입니다. 순간적인 판단이 주식시장에서 얼마나 큰 수익과 연결되는지 알 수 있는 대목이라고 할 수 있습니다.

이날 오전장 장중에 WTI 선물가격이 4% 정도까지 플러스로 갔다가 정오쯤에는 1%대로 내려왔습니다. 〈극동유화〉를 비롯한 유가 관련주들도 당연히 오전장에 고점을 찍고 점심때쯤 아침의 고점 대비 10%씩 하락하는 양상을 보였습니다.

오후 2시 30분쯤 이란 국영방송에서 미사일 공격으로 미국인 80명이 사망했다는 기사를 내보내면서 바닥권에서 10% 이상 급등락하는 등 오늘 하루는 주가가 뉴스에 크게 민감한 반응을 보인 날이었습니다.

중동정세에 따라서 국제유가나 전쟁 관련주들이 또 한 번 출렁일 수 있겠지만, 시간이 흐를수록 주가는 호재에 둔감해진다는 것 또한 여러 번 경험을 통해 알게 될 것입니다. 주가가 올라간다고 불나방처럼 우르르 따라서 매수하면 정말 역사적 고점에서 물려서 고생할 수 있다는 것을 명심하기 바랍니다.

차트분석 & 매매기법 활용하기

전날 상한가에 진입한 종목은
다음 날 시세에 반드시 영향을 미친다

• 2018년 12월 13일 •

오늘의 매매일지

종목 | 유니크(011320)

이슈 | 수소차 관련 긍정적 기사 → 호재

흐름 | 전날 수소차 관련 상한가 진입, 다음 날 시세에 영향을 줌

결론 | 장 막판에 나온 재료가 주식시장에 보도자료로 돌았더라도 장 마감 이후 시간외단일가나 다음 날 주가에 반영될 수 있다. 따라서 해당 재료를 다룬 뉴스가 사회적 이슈가 될 만하다고 판단되면 주식을 홀딩해서 넘겨보는 것도 중요하다.

오늘은 전날 상한가를 친 종목은 장중에 꼭 한 번 시세를 주고 내려온다는 이야기를 해볼까 합니다. 어제 〈유니크〉란 종목이 수소차와 관련해 상한가에 진입했습니다. 이 종목은 오늘 시초가가 제법 갭 상승을 주며 시작했지만, 가끔은 전날 상한가에 진입했더라도 시초가 시세에 크게 영향이 없는 경우도 있습니다.

보통 전일 테마주의 대장주가 상한가에 진입하면 다음 날 시세를 꼭 한 번은 분출하고 내려옵니다. 시초가에서 갭 상승이 크게 나오지 않는 이유는 상한가 따라잡기를 한 투자자의 일부가 강한 매도 심리에 의해 시초가부터 매도하기 때문입니다. 시초가에 크게 시세를 주지 않는 종목들은 조금 횡보하다가 어느 정도까지 시세를 한 번 주고 내려오는 경우가 많습니다. 〈유니크〉 같은 종목은 오늘 대량거래가 터졌기 때문에 일단 다음 주 초반까지는 단기매매 종목으로 관심을 가져도 좋을 것입니다. 수소차 관련주들이 전부 바닥권에서 상승으로 돌아서는 상황이니, 관심을 가지고 지속적으로 지켜봐야 할 것 같습니다.

오늘 저는 〈유니크〉와 〈평화홀딩스〉를 시간외단일가에서 상승하는 가격에 조금 매수했습니다. 이런 종목은 단기매매로만 접근해야 하고, 다음 날 시초가가 크게 갭 상승하면 절대 추격매수하지 말고 눌림목에서 매수하며 단타로만 접근해야 합니다.

다음 장의 차트에서 〈유니크〉는 장기 이동평균선을 뚫고 올라가는 모습을 보입니다. 중장기 투자로 스윙매매를 하는 경우에는 역배열에서 240일 이동평균선이나 480일 이동평균선을 뚫고 강하게 상승하는 종목을 매수하면 수익을 낼 확률이 상당히 높습니다.

장기 이동평균선을 뚫고 상승한다는 것은 1~2년 동안 이 주식을 보유

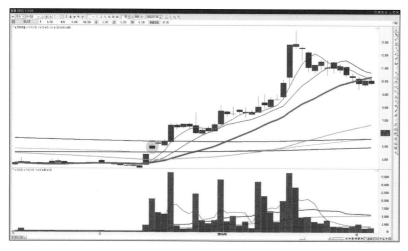

유니크 일봉차트(2018년 12월~2019년 1월)

하던 투자자들이 전부 수익권으로 전환되는 구간이기 때문에 매물벽이
두텁지 않다는 뜻으로 보면 됩니다. 1년이나 2년 동안 물려 있던 종목의
주가가 본전 부근에 오면 대부분의 투자자들은 어떻게 할까요? 거의가 매
도합니다. 여기에서 잠깐, 한번 곰곰이 생각해보기 바랍니다.

오늘 주가가 1년 동안 물려 있던 가격의 매물대를 돌파한다는 이야기
는 1년 동안 이 주식을 보유한 투자자들이 전부 수익권으로 전환하는 가
격대라는 뜻입니다. 그렇다면 앞으로 이 주식이 상승할 수 있는 여력이
충분하다고 볼 수 있겠지요? 초보자들이 가장 간단하게 주식투자를 하는
기법은 역배열 일봉차트에서 몇 개월 동안 횡보하다가 캔들이 장기 이동
평균선인 240일 이동평균선이나 480일 이동평균선을 돌파하는 주식을
적극적으로 매수하는 것입니다. 이는 가장 이상적인 주식투자가 될 수
있으며 이런 주식들은 대부분 수익과 연결된다고 봐도 무방할 것입니다.

장 마감 이후 악재가 나오면
시간외단일가에서 하한가로 마감한다

• 2018년 12월 17일 •

오늘의 매매일지

종목 ㅣ 동성제약(002110)

이슈 ㅣ 리베이트에 주가조작 의혹까지 있어 상장폐지 위기에 놓였다는
기사가 나옴 → 악재

흐름 ㅣ 당일 시간외단일가에서 하한가로 마감, 다음 날 대부분의 바이오
주 주가에 악재로 작용

결론 ㅣ 장 마감 이후 악재가 나오는 종목은 시간외단일가에서라도 매도
해야 한다.

오늘 오후 5시 30분에 금강일보에서 〈동성제약〉이 리베이트에 주가조작 의혹까지 겹쳐 상장폐지 위기에 놓였다는 기사를 내보낸 탓에 〈동성제약〉 주가는 시간외단일가에서 하한가로 마감했습니다.

이럴 경우 전업투자자든 직장인 투자자든 종합시황 창을 모니터링하고 있었다면 시간외단일가에서라도 매도해야 합니다. 시간외단일가에서 하한가로 진입하면 다음 날 -10% 이상 갭 하락으로 출발할 수도 있기 때문에 꼭 시간외단일가에서 매도로 대처하기 바랍니다. 〈동성제약〉으로 인해 내일은 바이오주들 주가가 약세로 전환될 것입니다.

시간외단일가에서 위와 같은 기사가 나오거나, 시가총액 대비 30% 이상을 일반인 대상으로 유상증자한다는 내용의 기사가 나오면 주가에 큰 악재로 작용하게 됩니다. 이럴 경우 만약 시간외단일가를 모니터링하고 있었다면 하한가라고 해도 무조건 매도해야 합니다.

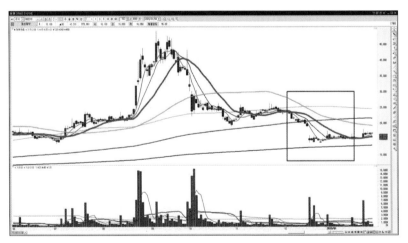

동성제약 일봉차트(2018년 12월 17일)

단기과열종목 지정 여부를
확인하라

당일 종가가 직전 40거래일 평균 종가 대비 30% 이상 상승하고, 평소에 거래량이 없다가 갑자기 40일 거래일의 평균 회전율 대비 500% 이상 급증하면서, 최근 2거래일 평균 일중변동성(당일 저점과 고점을 뺀 값)이 직전 40거래일 평균 일중변동성(예를 들어 A라는 종목이 장중 5%까지 올랐다가 -5%에서 마감했다면 일중변동성이 10%) 대비 50% 이상 증가하는 종목은 단기과열장치가 발동하여 3일 동안 30분마다 거래를 해야 합니다. 단, 투자경고종목 또는 투자위험종목 지정 중인 경우에는 단기과열종목으로 지정되지 않습니다.

　일중변동성(intraday volatility)이란 장중에 주식 가격이 얼마나 변할 수 있는지를 의미합니다. 즉, 장중 고가와 저가의 폭이 어느 정도 큰지를 나타냅니다.

단기과열종목 지정예고 예시

　종합시황 창에서 검색창에 '단기과열'이란 단어를 넣고 검색하면, 현재 주식시장에서 어떤 종목이 단기과열종목으로 지정되어 있는지 알 수 있습니다.

　단기과열종목으로 지정되면 3일 동안 30분마다 거래되기 때문에 대부분의 투자자들은 단기과열종목 매매를 꺼려합니다. 그래서 단기과열종목으로 지정되면 대부분 주가는 첫날 하락세로 출발하게 되며, 이런 종목을 매매하려고 한다면 단기과열종목으로 지정될지 안 될지 지정 요건 계산을 잘 해봐야 합니다.

대형주는 일봉차트에서
20일선 골든크로스가 나면 매수하라

오늘 〈삼성전자〉, 〈SK하이닉스〉 같은 IT 종목의 일봉차트에서 20일선 골든크로스가 발생했습니다. 단기 바닥은 확인한 듯 보이며, 주가가 지속적으로 상승하기보다는 하루나 이틀 상승한 뒤 조정받으면서 서서히 우상향할 것으로 보입니다.

역배열로 접어든 일봉차트의 캔들에서 5일 이동평균선이 20일 이동평균선을 상향 돌파하는 모양이 나오는 것을 골든크로스라고 합니다. 여기서 언급하고 넘어갈 것은 이 시점부터는 중장기투자자들도 관심을 가지고 지켜봐야 한다는 것입니다. 이번 주 내로 또 눌림목을 주는 음봉 캔들이 나타날 것입니다.

대형주들의 경우 일봉차트에서 캔들이 20일 이동평균선을 돌파할 때 또는 하루나 이틀 상승 후 음봉 캔들이 발생해서 20일 이동평균선 부근

SK하이닉스의 20일선 골든크로스

으로 다시 내려올 때, N자 파동을 생각하고 눌림목 자리에서 매수 포인
트를 잡으면 됩니다.

　오늘은 코스피 지수의 상승으로 거래소 일봉 캔들의 모습도 20일 이
동평균선 위로 안착하는 흐름으로 마감했고, 미중 무역협상이 순조롭게
마무리될 것이라는 관측으로 어제 다우지수도 23,500포인트를 상향 돌
파하며 마감했습니다. 그간 악재만 가득하던 주식시장이 조금은 안정화
되는 느낌이 듭니다.

밤사이 해외선물 투자에서
기술적 분석으로 대박을 내다

• 2019년 5월 11일, 2020년 4월 21일 •

오늘의 매매일지

종목 ｜ 나스닥 선물, 크루드오일(Crude Oil)

이슈 ｜ 미중 무역협상으로 미국 증시가 크게 흔들릴 것으로 예상

흐름 ｜ 미국과 중국의 무역협상이 깨지면 미국 증시가 급락할 것으로 예상, 5번 분할 매수로 주문

결론 ｜ 기술적 분석으로 큰 수익을 낼 수 있는 기회는 언제든지 있다.

몇 달 전부터 제자들이 해외선물을 하고 있다는 이야기를 듣고, 저도 한 번쯤 해보고 하반기 주식강의 때 경험담을 이야기해줘야겠다고 생각하고는 해외선물 계좌를 만들었습니다. 계좌에 5,000만원을 입금하고 지난주 초 밤 8시 이후 스캘핑으로 크루드(WTI)오일 매매를 시작했는데 첫날 300만원의 수익을 냈습니다.

지난주 후반에는 미중 무역협상으로 나스닥이 출렁거릴 것을 예상하고 목요일에 다시 1억원을 추가로 입금했습니다. 목요일 밤 11시부터 스캘핑으로 나스닥 선물 10계약을 1시간 30분가량 매매해봤는데, 호가 변동폭이 정말 장난이 아니었습니다. 눈 깜짝할 사이에 계좌 잔고가 플러스와 마이너스를 오가더군요. 이날 조금 손실을 보고, 수익 내기가 만만치 않아 보여 잘못하다간 사람 폐인 되기 십상이겠다 싶어 할까 말까 고민을 했습니다.

(2019년 5월 10일) 금요일 저녁 아들 녀석과 호프집에서 어떤 대학, 어떤 학과로 진학할 것인지에 관해 대화하면서 소주 두 병 정도를 마시고 귀가했습니다. 그날따라 미국 시장이 어떻게 흘러가는지 궁금해서 스마트폰으로 해외선물 MTS에 접속했습니다.

만약 미국과 중국의 무역협상이 깨진다면 미국 증시가 장중에 급락할 것으로 생각하고, 나스닥 지수 선물이 밤 11시 조금 넘어 7,560포인트 정도일 때 일봉차트 모습을 보고 지수가 만약 급락한다면 일봉차트에서 60일 이동평균선 부근이 지지선일 것으로 보았습니다. 7,483포인트부터 7,442포인트에 걸쳐 1억 5,000만원(14계약)을 5번 분할 매수주문으로 넣고 잠자리에 들었습니다.

술을 먹고 잠을 청해서 그런지 토요일인 오늘 새벽 4시 50분쯤 화장실

도 가고 싶고, 이상하게 잠이 번쩍 깨더군요.

혹시나 싶어 스마트폰으로 MTS에 접속했는데 제 눈을 의심했습니다. 나스닥 선물 14계약이 모두 매수 체결되어 있었고, 그 시간 나스닥 선물 지수가 7,610포인트 부근에서 매매 공방을 벌이고 있었기 때문입니다. 1계약당 100포인트 이상 수익이 난 상태라 아무 생각 없이 전량 현재 가격 부근에서 매도했습니다.

이제껏 주식투자만 했지 해외선물은 저도 처음 매매해보는 것이라 잘은 몰라도 '크게 수익이 난 것 같은데.' 하는 생각이 들었습니다. MTS로 매매일지를 확인해보는데 단위가 미화로 표시되어 도대체 수익이 얼마나 났는지 계산이 되지 않아 차분하게 다시 봤더니 미화로 4만 2,000달러, 즉 한화로 4,980만원의 수익이 나 있었습니다.

지금 생각해 보면 너무 무모하게 주문했던 것 같기도 합니다. 그날 새벽 잠에서 깨지 않고 그대로 월요일까지 들고 갔더라면 나스닥 선물이 크게 갭 하락해서 손실이 날 수도 있었고, 당장 금요일인 어젯밤 미국 시장에 하방 압력이 작용해 추가로 급락이 나왔다면 아마 몇 천만원의 손실을 볼 수도 있는 상황이었습니다.

오늘 새벽에 불현듯 잠에서 깬 것은 제게 정말 큰 행운이었던 것 같습니다.

(2020년 4월 21일) 코로나19가 팬데믹으로 이어지며 원유 수요가 감소할 것으로 예상한 OPEC(석유수출국기구)은 지난달 6일 원유 가격방어를 위해 생산량을 제한하자는 내용의 '원유감산 합의'를 제안했지만 러시아가 이에 반대표를 던졌습니다. 원유 생산량이 감소하면 셰일가스를 생산하는 미국이 이득을 볼 것으로 내다봤기 때문입니다. 감산 합의를 무시한 러시아를 다시 협상 테이블로 끌어들이기 위해 세계 최대 산유국인 사우디아라비아는 산유량을 크게 증산하는 것은 물론 유럽, 아시아, 미국 등 원유시장 전체에 할인을 병행하며 가격 경쟁에 나서겠다고 밝혔습니다.

우리나라는 원유 생산이 불가능해서 100% 수입에 의존하니까 유가가 떨어지면 좋은 것이 아니냐고 흔히 생각하는데, 석유 수요가 줄어들면 글로벌 경기가 악화되고 수출 의존도가 높은 국내기업들의 매출은 결국 줄어들 수밖에 없습니다. 기업경영이 악화되면 가계 경제도 도미노처럼 부정적인 영향을 받을 수밖에 없으므로, 중장기로 봤을 때는 국제유가의 하락이 결코 좋은 일만은 아닙니다.

유가가 신저가를 갱신하던 2020년 3월 K증권에 다시 해외선물 계좌를 개설하고 1억을 입금하고 때를 기다렸습니다.

일자	예수금	원화대용금	옵션평가차금(전일)	청산손익	수수료
2020/04/30	63,723,225.00	90,247,775.13	0	0	0
2020/04/28	64,141,425.00	90,247,776.39	0	0	0
2020/04/27	64,559,625.00	90,247,773.20	0	0	0
2020/04/24	64,324,387.50	90,247,773.98	0	0	0
2020/04/23	64,455,075.00	90,247,782.78	0	0	0
2020/04/22	64,350,525.00	90,247,773.67	0	0	0
2020/04/21	14,807,750.00	90,247,779.80	0	49,031,800.00	64,050.00
2020/04/20	14,716,572.50	90,247,778.98	0	60,850.00	6,085.00

해외선물로 매매한 크루드오일(Crude Oil) 매매일지

그러던 중 어젯밤 유가 일봉차트를 보고 2020년 3월 18일 저점인 21.64달러를 깨고 내려간다면 틀림없이 장중에 급락이 나올 것으로 예측하고, 1억원 정도를 들어 크루드오일(Crude Oil)을 12달러부터 6달러까지 분할로 매수주문을 넣고 잠자리에 들었습니다.

다음 날인 오늘 새벽 5시 40분 알람에 맞춰 잠에서 깨어 보니 6.5달러부터 12달러 사이에 주문한 계약들이 전부 체결되어 있었고 70% 이상씩 수익이 나 있었습니다. MTS로 체결된 내역을 보자마자 전부 청산해 지난번과 마찬가지로 하룻밤 사이에 약 5,000만원 가까이 수익을 냈습니다.

이것을 계기로 그 이후 나스닥 선물을 단기로 조금 매매해보았는데, 올빼미도 아니면서 저녁 10시 이후에 매매하려니 건강도 그렇고 단기매매로 쉽게 이길 수 있는 게 아니다 싶어서 지금은 거의 하지 않습니다. 하

지만 해외선물에서는 큰 이슈가 한 번씩 있을 때만 한쪽으로 방향을 잡아서 베팅해야 수익을 낼 수 있지 않나 하는 생각을 지금도 합니다.

주식이든 해외선물이든 일봉차트나 분차트를 보는 것은 똑같습니다. 매일 해외선물투자를 하는 사람 중 성공하는 투자자는 단 1%도 안 된다고 봅니다. 차트를 잘 보다 보면 인생에서 '밤새 안녕'과 같은 이런 기회도 가끔은 찾아오니, 차트 보는 법을 꾸준히 연구하고 많이 학습하기 바랍니다.

하락장세에서 돌파매매는
무조건 손절매를 부른다

• 2019년 7월 17일 •

내일쯤 태풍 다나스가 남해안과 제주도 사이를 통과할 것으로 예상되는 가운데, 남부지방에는 오늘도 하루 종일 비가 부슬부슬 내리네요. 오늘은 주식시장에서 수소 섹터 쪽 종목인 〈일진다이아〉의 호실적 발표로 인해 수소차 테마주들이 강세를 보인 하루였습니다.

요사이 특징적인 흐름이 있다면 어제 〈켐온〉이란 종목처럼 최근 거래량이 없다가 갑자기 단주매매(10주 미만의 소규모 주문)가 들어오면서 9시장 시작 후 상승률이 5위 안에 들어가는 종목 중 전일 대비 거래량이 급증하는 종목들에 1차 정적VI가 발동되고, 그 이후로도 주가가 상승하여 2차 정적VI가 발동되면 그냥 상한가로 매수잔량이 쌓이는 경우가 매일 발생하고 있다는 것입니다. 이런 종목에 눈치껏 잘 탑승하면 운 좋게 고수익을 낼 수 있는데 그런 종목이 하루에 하나씩 출현하고 있습니다. 내일도 그런 종목이 나올지는 모르겠지만, 장 시작 후 모니터링이 가능하다면 최근 이런 특징이 있다는 것도 알아두기 바랍니다. 개인투자자 모두가 힘든 시기지만, 이런 시기에 특히 더 어려운 시간을 보내는 것이 전업투자자가 아닐까 싶습니다. 시장이 좋든 나쁘든 한 달 생활비를 벌어야 하는데, 요즘 같은 어려운 시장에서 수익을 내지 못하면 '내가 왜 전업투자자를 선택했을까?' 하며 후회할 수도 있을 것입니다.

회사를 다니면서 주식투자를 하는 직장인 투자자들은 월급이 나오니 그나마 기본적인 생활을 유지할 수 있지만, 전업투자자들은 생활비나 용돈 등을 계좌에서 출금해서 충당하다 보니 당장 계좌에 손실이 나면 잔고가 많이 줄어듭니다. 그러다 보면 매매할 때 자연히 손가락이 오그라들어 베팅 금액도 적어지고, 약간의 멘붕과 함께 이런 한여름에도 춥다는 말이 절로 나오지요. 그러나 때가 되면 주식시장에도 꽃피는 봄이 다시 돌아오게 되어 있습니다. 지금은 무조건 조심하며 소극적으로 대응해야 할 시기라는 것을 꼭 명심하세요.

주식투자 매매기법 중 많은 투자자가 돌파매매기법을 사용하는데, 시장 상황이 좋을 때는 잘 통하지만 요즘처럼 좋지 않은 상황에서 어설픈 돌파매매기법으로 매매하다가는 매일 고점에 잡아서 손절매만 하기 쉽습니다. 팁을 하나 드리자면, 지금과 같은 시장에서는 돌파매매를 하더라도 고점을 돌파했다가 돌파 시점을 지지하는 눌림목을 줄 때 매수해야 손실을 최소화할 수 있습니다.

요즘같이 시장이 최악일 경우에는 차라리 주식공부를 통해 자신만의 매매기법을 개발하면서 시간을 보내는 것이 좋지 않을까 싶습니다.

핵심 이슈가 담긴 공시는
스캘퍼들의 표적이 된다

• 2019년 7월 29일 •

오늘의 매매일지

종목 ㅣ 램테크놀러지(171010)

이슈 ㅣ 유해화학물질 판매업 허가 승인 → 호재

흐름 ㅣ 정적VI 발동 후 분할로 매수해서 상한가 진입 후 전량 매도

결론 ㅣ 종합시황 창에 나오는 기사들의 내용을 꼼꼼히 읽는 습관을 길러야 한다. 좋은 기사가 뜬 종목은 당일 핵심 이슈 종목으로 부각된다. 따라서 시황매매를 하지 않더라도 종합시황 창을 꼼꼼히 읽으며 어떤 단어를 포함한 제목이 좋은 재료인지, 또 좋은 재료가 나오는 종목들의 주가 움직임이 어떤지 체크해보자.

무더위가 절정에 이르는 듯한 요즘입니다. 오늘 거래소 시장보다 개인투자자들 비중이 높은 코스닥 시장은 4%나 급락하면서 연속 5일째 하락했고, 장대음봉이 발생하고 투심도 많이 악화되면서 일봉차트가 조만간 투매가 나올 수 있는 모습으로 바뀌고 있습니다. 이번 주 내내 오늘처럼 하락이 지속되면 스톡론 등 현금 담보부족 반대매매물량을 비롯한 신용 반대매매물량이 내일부터 조금씩 시장에 출회될 가능성이 높아질 것 같습니다.

내일부터 아침 8시 40분에 예상체결호가에 예상체결가가 하한가로 되어 있는 물량들은 증권사에서 반대매매물량을 매도하기 위해 하한가로 내놓은 것으로 보면 됩니다. 아니길 바라지만, 제 경험상 코스닥 시장에서는 한두 번 투매물량이 나와야만 지수의 바닥을 확인할 수 있습니다.

주식매매에 자신이 없다면 여름 주식시장에서는 매매하지 말고 쉬라고 지금까지 몇 번이나 이야기했습니다. 백약이 무효라는 말이 있듯이 지금 시장의 분위기로는 정말 확실하고 좋은 재료가 아니면 시황매매조차도 들어갈 때마다 손절매하게 되어 있습니다. 저도 지난 주말 주식을 이것저것 조금 홀딩했다가 오늘 아침에 손절매하면서 몇 백만원 손실을 입었습니다.

오전장을 마감한 뒤 오늘은 손실을 확정하고 무리하지 말자고 생각하면서 쉬고 있는데, 장 막판인 3시 3분 〈램테크놀러지〉의 기타 경영사항(자율공시)이 종합시황 창에 나왔습니다.

공시내용을 클릭해 읽어보고 바로 매수주문을 넣었습니다. 매수체결이 거의 안 되었는데 1초도 지나지 않아 정적VI가 발동되더군요. 매매를 기다리는 2분 동안 기사 내용을 꼼꼼히 읽어봤습니다. 제목이 "불산 등

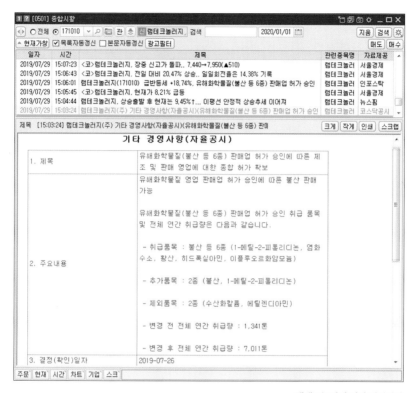

6종의 판매업 허가승인에 따른 제조 및 판매 영업에 대한 종합 허가 확보"라고 되어 있기에 20년 동안 시황매매를 한 경험으로 이 정도 공시내용이면 무조건 상승할 것으로 확신하고, 정적VI 발동 이후 계속 분할 매수했습니다.

최근 고점의 7,000원대 매물을 소화하는 과정에서 매수호가 창의 호가도 횅한데 몇 만주를 매수했으니, 사실 공시내용의 재료를 확신하지 못했다면 절대로 물량을 홀딩할 수 없었을 것입니다. 두 번째 정적VI가

오후장에서 매매한 램테크놀러지 매매일지

발동된 후 상한가 가격에 매수가 체결되었고, 상한가 호가에 매수잔량이
약해서 상한가에 전량 매도했습니다.

　이 종목을 유심히 살펴보면 교보증권을 비롯한 단기매매 선수들이 트
레이딩한 것으로 보입니다. 그리고 평소보다 매도물량이 많았던 이유는
거래량이 터지는 시점에 기타법인에서 67만주, 사모펀드에서 20만주 정
도 매도가 나왔기 때문인 듯싶습니다.

나이벡, 종합시황 창의 암 관련 호재성 기사로 상한가에 진입하다

• 2019년 10월 30일 •

오늘의 매매일지

종목 ㅣ 나이벡(138610)

이슈 ㅣ 펩타이드 항암제 효과 입증 → 호재

흐름 ㅣ 기사가 나오기 전 선취매가 있어 주가가 미리 상승함

결론 ㅣ 재료보다는 수급이 주가에 크게 영향을 미치며, 주식의 가장 기본은 시장에서 핵심 주도주, 즉 거래량이 많이 터지면서 강한 수급이 붙는 종목을 매매하는 것이다.

오늘도 9시 장 시작 후 특별히 매매할 종목이 없어서 보고 있는데, 9시 33분 31초쯤 갑자기 종합시황 창에 "나이벡, 펩타이드 항암제 병용 투여 시 종양 감소 확인, 항암효과 입증"이라는 제목으로 아시아경제에서 기사가 나왔습니다. 그런데 기사를 보고 매수하려고 하니 이미 정적VI가 발동되어 있었습니다. 항상 느끼는 것이지만 주식시장에도 페어플레이는 없는 것 같습니다. 이런 보도자료는 회사에서 기자들에게 메일로 뿌리는 것인데, 기사가 나오기 전에 이미 정적VI가 발동됐다는 것은 누군가가 이런 내용을 먼저 알고 매수하여 갑자기 거래량이 터지면서 주가가 올랐기 때문이라고 볼 수 있습니다.

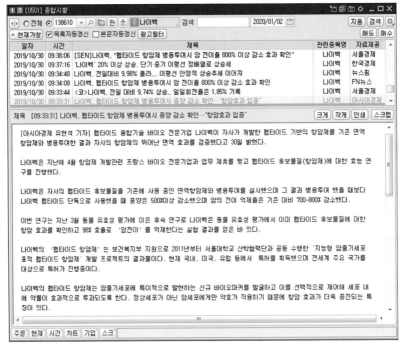

나이벡 종합시황 창 기사

저는 선취매가 있다는 것을 알고도 이 종목을 시황매매했는데, 그 이유는 일단 기사 제목에 나온 "항암효과 입증"이라는 문구를 보고 시황매매하는 사람들이 많을 것으로 여겼기 때문입니다. 주가는 정적VI에서 많이 상승했지만, 정적VI가 끝난 뒤 9시 34분 캔들에서 10,450원 정도로 순간 상승했다가 10,100원 정도로 내려올 때 재빨리 조금 매수하고 나니 1분 후 바로 상한가에 진입했습니다.

오늘도 역시나 교보증권 창구에서 선수들이 15만주 정도를 상한가에 매수했는데, 상한가에 많은 물량을 매수하여 상한가 잔량이 어느 정도 줄어들면 이들은 자동으로 매도주문을 클릭할 수밖에 없습니다. 상한가가 풀려버리면 많은 물량을 한꺼번에 매도할 수 없어서 큰 손실로 이어질 수 있기 때문에 상한가 잔량이 줄어들면 남들보다 먼저 매도하는 것으로 생각하면 됩니다.

주식의 가장 기본은 시장에서 핵심 주도주, 즉 거래량이 많이 터지면서 강한 수급이 붙는 종목에서 매매도 하고 놀기도 해야 한다는 것입니다. 제게는 큰 단점이 있습니다. 추세매매를 하지 못하고 늘 무 잘라 먹듯 항상 베어 먹고 만다는 점입니다. 주식 초보시절에 1~2% 먹고서는 좋다고 매일 스캘핑 하다 보니 생긴 습관인데, 20년 동안 쌓인 이런 습관들이 아직까지도 잘 고쳐지지 않습니다. 제가 강의할 때 늘 추세매매를 할 줄 알아야 큰 수익을 낼 수 있다는 이야기를 강조하는 것도 이런 이유에서입니다. 스캘핑을 처음 시작하는 사람이라면 정말로 초보시절부터 매매하는 습관을 잘 기르길 바랍니다.

주가 단기 급락 시
저점매수 타점의 맥점을 찾아라

• 2019년 10월 29일 •

요사이 주식시장에서 가장 강력하게 움직이는 섹터는 바이오 쪽인 것 같습니다. 하지만 모든 바이오, 제약 종목이 일시에 움직이는 건 아니라서 바이오 종목을 보유하고 있음에도 자신의 종목이 움직이지 않아 약간 소외감을 느끼는 사람도 많을 것입니다.

오늘은 비상장 주식인 〈비보존〉이 최근 K-OTC 시장에서 급등하면서 관련주인 〈에스텍파마〉와 〈텔콘RF제약〉 등이 초강세를 보였는데, 이들 종목은 내일 아침쯤 고점을 찍으면 조정받지 않을까 싶습니다. 단기간에 많이 오른 종목들을 오른다고 추격매수하면 여지없이 계좌에 손실이 날 수밖에 없다는 것을 이제는 다들 잘 알 것입니다.

이번 달에 시장에서 가장 핫한 종목이 〈에이치엘비〉인데 4일째 연속으로 조정을 받고 있습니다. 일봉차트의 20일 이동평균선 부근에서 단기

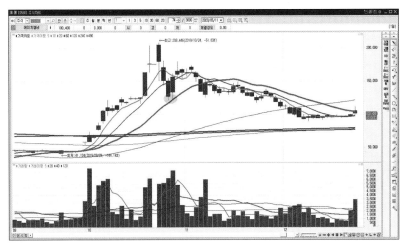

에이치엘비 일봉차트(2019년 10월)

반등이 나올 수 있으니, 이 부근에서 단기매수로 접근할 필요성이 있습니다.

오늘 오전장 시작 후 초반에 급락한 〈에이치엘비〉의 저점을 잡는 방법을 한 가지 알려드릴까 합니다. 오늘 〈에이치엘비〉는 갭 하락으로 출발해 역배열 분차트로 전개되며 오전장 저점을 깨면서 급격히 하락하는 패턴으로 전개되었습니다. 다음 장의 차트에서 보듯 ①, ②, ③ 장대음봉에서 대량거래가 터지고, 하락 클라이맥스에서 장대음봉이 두 개 내지 세 개 나는 지점이 대부분 주가의 단기 바닥입니다.

거래량이 터진다는 것은 매도하려는 사람들은 더 이상 참지 못하고 전부 밑으로 던져 버리고, 누군가는 기회다 싶어 매수하는 포인트입니다.

오전 10시 이전에 이런 급락이 나온다면 단기매수로 수익을 낼 수 있는 확률이 높습니다. 급락 자리에서는 충분히 반등이 나올 수 있기 때문

에이치엘비 1분봉차트(2019년 10월 28일)

이지요. 저런 매수 포인트에서 매수했다고 가정할 때 자신의 매수단가를 깨지 않는 한 최소 30분에서 1시간 동안 홀딩하면 제법 큰 수익을 챙길 수 있는 매수 타점이 됩니다.

　주가가 하락할 때 단기 저점의 캔들을 찾기 어렵다면, 미래에셋대우 증권 HTS의 경우 차트 화면에서 오른쪽 버튼을 클릭하고 '가격차트 거꾸로 보기'를 해보면 단기 저점을 좀 더 명확하게 파악할 수 있습니다.

신규 상장주가 점상한가를 3번 갈 때는 주의해야 한다

• 2019년 11월 28일 •

요즘 주식시장에서 가장 핫한 종목은 월요일에 신규 상장한 〈센트랄모텍〉이 아닐까 싶습니다. 첫날 1,000만주에 가까운 거래량이 터지면서 세력들이 물량을 싹 매집했는지, 점상한가 2방이라니 정말 대단한 기세입니다.

〈센트랄모텍〉은 자동차 부품 전문 업체로, 기관투자자를 대상으로 한 수요예측 단계에서 올해 코스피 상장기업 중 가장 높은 경쟁률인 863:1을 기록했습니다.

희망밴드의 최상단인 6,000원에 공모가가 정해졌고 상장 당일(25일) 시초가는 공모가 대비 27.5% 오른 7,650원으로 출발했습니다. 〈센트랄모텍〉은 다른 신규 상장주처럼 코스닥 시장에 등록하지 않고 유가증권 시장에 바로 상장했습니다. 유가증권 시장에 상장하려면 자기자본 300억원 이상, 상장주식수 100만주 이상 등 규모와 관련한 조건을 반드시

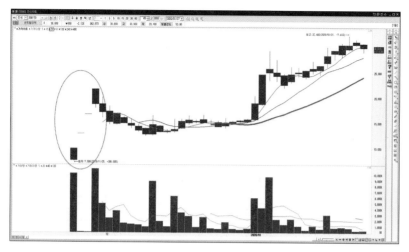

갖춰야 합니다. 그 외 매출액, 자산 건전성 등 코스닥 시장보다 까다로운 상장요건을 충족해야 거래소에 상장할 수 있습니다.

상하한가 폭이 30%로 바뀌면서 신규 상장주식이 점상한가를 두 번씩이나 가면서도 매도물량 출회가 저렇게 안 되는 경우는 저도 오랜만에 봅니다. 이 글을 읽는 독자들 중 '어떻게 하면 저런 종목을 매수할 수 있을까?' 하고 고민하는 사람도 있을 텐데, 점상한가 출발의 경우 상한가에 매수물량을 많이 넣어야 100주라도 배분받는 수량 우선의 법칙에 따라 조금이라도 매수할 수 있습니다. 따라서 소액으로 투자하는 개인투자자들은 어지간하면 매수를 포기하는 것이 좋습니다.

오늘 같은 경우도 정적VI가 발동되었고, 아침 9시 2분 30초경에 상한가 가격인 16,750원에 매수하고자 하는 잔량이 1,600만주 넘게 쌓였습니다. 동시호가에 체결과 동시에 10만주 이상으로 큰 건의 매수물량들은

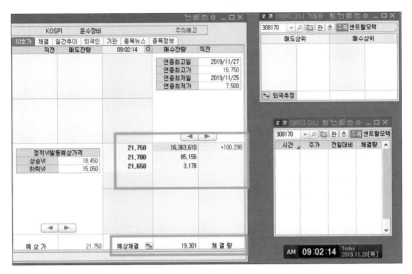

100주를 받고 나서 바로 취소되는 것을 볼 수 있었습니다. 상한가 분할 배분의 원칙에 의해서 가장 주문 수량이 많은 주문에서부터 100주씩 순서대로 배분하기 때문입니다. 오늘 〈센트랄모텍〉의 거래량은 42,970주 정도였고, 상한가에 최소한 24,300주 정도 매수주문을 넣어야 100주라도 잡을 수 있었습니다.

10년 정도 전만 해도 7시 50분에 매수주문을 넣으면 매수주문이 먼저 들어가는 순서대로 매수체결을 해주었습니다. 하지만 지금은 상한가 분할 배분의 법칙에 의해, 동시호가에 주문할 경우 수량을 많이 넣은 주문에 대해서 우선적으로 100주씩 나누어줍니다. 그러니 투자금액이 적은 개인투자자라면 100주도 매수하기 어렵다고 생각해야겠지요. 앞으로 이런 경우가 발생하면 이런 원칙이 있구나 하는 것 정도는 알고 매수주문을 하세요.

"강하면 부러진다."라는 속담처럼 점상한가를 3번씩 가다 보면 눈 깜짝하는 몇 초 사이에 상한가가 풀리기 때문에 초보자라면 상한가를 두 번 이상 간 종목은 매수하지 않는 것이 좋습니다. 3번째 정도 상한가를 가는 종목의 경우 상한가 잔량에 1,000만주 넘게 매수세가 들어왔다가 상한가에서 출발하고 난 이후 불과 몇 초 만에 순식간에 매수물량이 취소되면서 상한가를 이탈하는 경우가 많기 때문입니다. 그러므로 점상한가가 2번 이상 상승한 종목들의 경우 초보자들은 절대 상한가에 매수주문을 하면 안 될 것입니다.

전날 상한가 마감 종목이 시초가 갭 하락으로 출발하면, 잠시 시간조정 후 반드시 시세를 준다

• 2020년 1월 22일 •

어제 장 시작 전 종합시황 창에 〈나이벡〉이란 종목에서 "6개 다국적 제약사와 항암치료 물질 이전 계약 체결"이라는 호재성 기사가 나왔습니다. 종합시황 창 화면에서 보면 여러 매체에서 기사가 나온 것을 볼 수 있습니다.

〈나이벡〉의 시초가는 +9.36% 갭 상승으로 출발했고 기사의 내용이 좋은 터라 큰 눌림목 없이 지속적으로 상승해 9시 58분쯤 상한가에 진입했습니다.

장 시작 후 시초가가 결정되고 재료가 좋은 종목의 경우 1분봉차트를 보는 스캘퍼라면 캔들이 20분 이동평균선을 이탈하지 않으면 홀딩하고, 3분봉차트를 보는 직장인 투자자라면 캔들이 10분 이동평균선을 이탈하지 않으면 보유해서 수익을 크게 챙겨야 합니다.

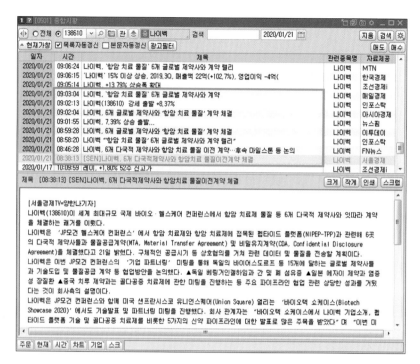

　　장 시작 후 매수세가 아주 강한 종목들의 경우 분봉차트에서 캔들이 5분, 10분 이동평균선을 깨지 않고 상승 추세로 유지되면서 한 개의 캔들이 만들어지는 그 짧은 순간, 현재가 창을 보다가 참지 못하고 매도 버튼을 클릭하는 경우가 많습니다. 그러나 처음 주식에 입문할 때 배운 대로 차트의 기술적 분석을 믿고 그대로 실천하면 큰 수익을 볼 수 있으니, 캔들과 이동평균선을 신뢰하는 습관을 길러야 합니다.

　　어제 상한가에 진입한 〈나이벡〉은 오늘 시초가 -0.38%로 출발했습니다. 이런 종목을 매매할 때는 전날 상한가에 매수한 매수자의 심리를 잘 파악해야 합니다. 시초가가 마이너스로 출발하면 투자자의 심리는 어

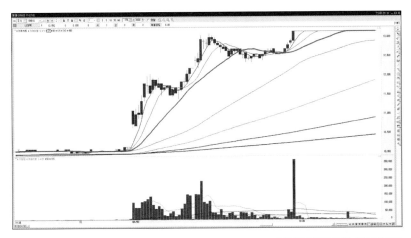

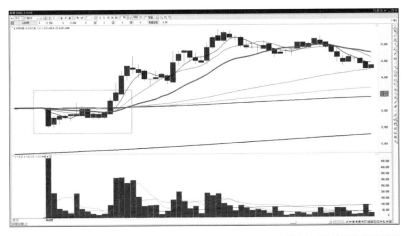

떨까요? 전날 상한가 따라잡기로 이 종목을 매수한 성격 급한 투자자들은 시초가가 갭 상승으로 출발하지 않으면 시초가 부근에서 매도하기 쉽습니다. 시초가가 마이너스로 출발해 주가가 한 번 더 하방으로 살짝 빠지면 더 이상 참지 못하는 매수자들의 매물이 전부 쏟아져 나오고, 대부분 10분에서 20분 횡보 후 다시 세력들이 물량을 받아서 반드시 한 번 더 시세를 주게 됩니다.

전날 상한가로 마감한 종목 중 다음 날 시초가가 갭 상승으로 출발하지 않은 경우에는 전날 상한가에 매수해서 성질 급하게 매도하려는 물량들을 10분에서 30분 정도 소진한 뒤, 플러스 시세를 꼭 한 번 더 준다는 것을 잊지 말아야 합니다.

오늘도 〈나이벡〉 주가는 보합 부근에서 출발했다가 10분 정도 호가가 마이너스에 머물다 상승으로 전환해서 17%까지 상승했고 종가는 +3% 부근에서 마감했습니다.

장전 호재성 기사로 인해 10% 이상 갭 상승으로 출발하면 9시 20분을 주목하라

• 2020년 1월 23일 •

중국 우한발 폐렴이 한참 확산되는 가운데 장 시작 전에 〈바디텍메드〉란 종목에서 "우한폐렴 수혜 보나, 中 감염진단시약 점유율 1위 주목"이라는 기사가 나왔습니다. 폐렴 관련 종목이 핫하다 보니 대부분의 트레이더가 이런 기사를 보면 매수의 유혹을 느끼는 게 당연합니다. 트레이더들은 대부분 시초가에 많이 매수합니다.

이 종목의 경우 시초가가 16% 상승으로 출발했는데, 이렇게 갭 상승이 많이 뜬 상태에서 시초가에 매수하면 거의 100% 손실이 난다는 것을 경험하게 됩니다. 다음 장의 분차트를 한번 볼까요. 기존에 이 주식을 보유한 투자자 중 +16%라는 고수익에 매도 충동을 느낀 일부는 매도할 것이고, 장 시작 후 음봉 캔들이 두세 개 나오면서 주가가 하방으로 가면 시초가 부근에 매수했던 투자자들 대부분이 손절매할 것입니다.

이런 경우에 1분봉차트를 보는 투자자라면 9시 20분경 1분봉차트에서 20분 이동평균선을 지지하는지 체크해보고, 이 부근을 지지한다 싶으면 그때부터 분할 매수로 대응하면 됩니다.

오른쪽 차트는 시초가 부근에 매수한 개인투자자들이 물량을 다 손절매하게 만들고, 새로운 세력이 그들의 물량을 받아 시간조정 후 9시 45분경 상한가에 진입하여 상한가로 마감한 종목의 분차트 모습입니다.

장전에 호재성 종목 리포트가 나와 시초가가 +10% 이상 높게 갭 상승으로 출발하는 종목의 경우, 시초가가 정적VI로 연장되어 9시 2분 30초 부근에 시초가가 결정되어 체결되며 9시 2분의 캔들이 음봉 캔들로 떨어지면 시초가에 매수한 대부분의 투자자들이 손절매를 하게 됩니다.

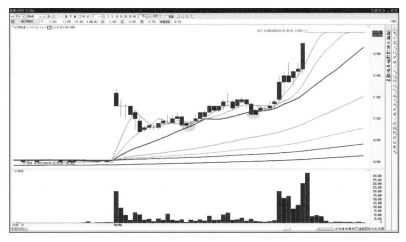

　　이런 음봉 캔들이 두 개만 발생해도 이 종목은 곧바로 시가를 회복하지 못하고 하락으로 전환하고, 이럴 경우 1분봉차트를 보는 투자자라면 20분 이동평균선이 만나는 9시 20분 부근에서 주가가 지지된다면 매수 타이밍입니다. +10% 이상 갭 상승으로 출발하는 종목은 시초가에 매수하면 손실 날 확률이 90% 이상으로 높습니다. 따라서 빨리 손절매로 대응하지 못하는 초보자의 경우 호재성 기사를 보면 매수하고자 하는 충동이 많이 들겠지만 절대 시초가에 매수하지 말고 캔들이 20분 이동평균선 부근을 지지하면 조금씩 분할 매수로 대응하다가, 추세가 당일 저점을 깨지 않고 상승하면 홀딩해보고 당일 저점을 이탈하면 과감하게 손절매하는 것이 좋습니다.

　　장전에 호재성 기사가 나와서 시초가가 +10% 이상 갭 상승으로 출발할 경우, 시초가에 매수하면 손실 날 확률이 높으니 9시 20분 부근 1분봉차트에서 20분 이동평균선이 지지되면 분할 매수로 대응합니다.

이슈에 따른
테마주에
대응하기

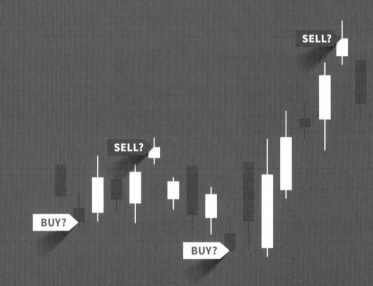

왜 개인들은
코스닥 테마주에 열광할까?

• 2019년 11월 19일 •

테마주로 큰돈을 맛본 사람은 매일 테마주만 매매하기 마련입니다. 뉴스에 따라 급등락이 심한 테마주에 투자할 때는 기관이나 외국인의 눈치를 볼 필요가 없습니다. 이슈가 있는 테마주는 하루에도 등락폭이 30%나 되기 때문에 상한가로 마감하게 되면 그동안 손실 난 계좌를 빨리 복구할 수 있다는 장점이 있습니다. 그러나 실적과 무관하게 움직이는 테마주는 급락할 수도 있어서 매매에 재빨리 대응할 수 있는 투자자만 접근해야 합니다.

테마주는 사회적·경제적 흐름에 따라 순환매가 빠르게 일어납니다. 또한 테마가 단발성인지 연속성인지에 대한 빠른 판단이 필요하기 때문에, 뉴스나 포털사이트의 종목토론방 등에서 많은 사람들과 생각을 공유하면서 빠르게 대처해야 합니다. 사회적인 이슈가 있을 때 잠시 급등했다가 재료가 소멸되기 전에 고점을 찍고 서서히 내려오는 특징이 있습니다.

주위에서 보면 기술적 분석을 모르는 사람들이 처음에는 매매하지 않다가 주위에서 수익 내는 것을 보고 뒤늦게 가장 고점에서 덜컥 매수해서 몇 년간 마음고생하는 경우가 흔합니다. 테마주를 매매하려면 꼭 상승 초반에 매수해서 단기간에 50% 이상 상승하면 뒤도 돌아보지 말고 분할로 매도해서 수익을 챙겨야 합니다. 이런 기본적인 원칙 없이는 절대 코스닥 테마주를 매매하면 안 됩니다. 주식시장에서 누가 누구에게 주식을 싸게 사서 비싸게 팔았는지 우리는 알 길이 없습니다. 그저 내가 수익을 냈느냐 손실을 냈느냐가 중요할 뿐이지요. 완벽하게 익명성이 보장되는 게임인 주식시장에서 타짜들은 카지노의 타짜들과 차별화되며, 수익만 잘 낸다면 사회적으로도 대접받을 수 있는 블루오션 시장이 바로 주식시장입니다. 반대로 수익을 내지 못하면 어디에도 하소연하지 못하고, 전업투자자의 경우 폐인처럼 살아야 합니다. 무너지는 자신감과 무력감을 스스로 이기지 못하면 이 시장은 마치 살아 있는 지옥과도 같이 정말 힘든 싸움을 벌여야 하는 전쟁터가 되어버립니다.

주식시장은 피도 눈물도 없이 살벌하고 주식시장의 타짜들에게 개미를 위한 배려 따위는 전혀 없습니다. 계좌가 점점 비어 깡통이 된 사람이 눈앞에 보이면 마음이라도 약해지겠지만, 온라인상에서 서로 싸우는 것이라 그런 것도 전혀 느끼지 못합니다.

대부분의 사람들이 흙수저로 태어나서 한 단계 신분 상승을 위해 열심히 노력하고 발버둥 치지만, 항상 제자리에서 맴돌면서 평생을 살아갑니다. 하지만 주식시장에서는 열심히 공부하고 자신의 수익 모델만 빨리 만들어 낸다면 누구에게나 기회가 존재합니다. 자신의 신분을 한 단계

레벨업 할 수 있는 곳이 바로 주식시장입니다. 재테크 수단 중 주식시장이 현실에서 한 단계 점프하기에는 가장 적합한 곳이 아닐까 하는 생각을 문득 가져봅니다. 그러려면 주식투자로 지금 당장 이익을 얻기보다는 손실을 봤을 때 멘탈 잡는 훈련을 많이 해야 합니다.

대부분의 투자자가 손실이 나면 뒷일은 전혀 생각하지 않고, 손실을 만회하려는 조급함에 더욱더 자주 매매하게 됩니다. 그리고 그로 인해 더 큰 손실을 입어 결국 헤어나오지 못하는 수렁으로 빠져듭니다. 이런 상황일수록 시장에서 손실 난 금액은 잊어버리고 매매를 멈춘 뒤 마음의 여유를 찾아야 합니다. 물론 그런 상황에 처하면 마음이 조급하고 원칙대로 실천하기 어렵다는 것은 저도 잘 압니다.

하지만 포기하지 말고 부단히 노력하고 연습해야 합니다. 내 성질대로 해서는 주식시장에서 절대 이길 수 없으니까요. 오랫동안 주식투자를 할 거라면 잠시 컴퓨터 앞을 떠나 커피라도 한잔하면서 마음을 가라앉히고 "그래, 기회는 또 있다. 내일 만회하자!" 하며 늘 초심으로 돌아가 멘탈을 갑으로 만드는 연습에 많은 시간을 투자해야 합니다.

주식투자를 하면서 우연한 기회에 재수가 좋아 한 종목으로 한 방에 대박이 나기를 꿈꾸지 말고, 차트를 보면서 기술적인 분석을 공부해 저점에 매수 타점을 잡아서 조금씩 수익을 모아 나가야 할 것입니다.

지금부터라도 조급하게 마음먹지 말고 매일 연구하고 노력하면서 멀리 숲을 바라보세요. 기민한 대응으로 시장의 핵심 주도주 종목에 투자하면서 1주일 정도 단기간에 승부를 보고, 시장이 안 좋으면 쉴 줄도 알아야 현명한 투자자라고 할 수 있습니다. 여러분은 충분히 그런 투자자가 될 수 있을 것입니다.

리스크 관리를 위해 테마주는
절대로 한 바구니에 담지 마라

• 2019년 11월 19일 •

주식투자를 하면서 오늘 같은 날은 극히 드물었는데, 〈남선알미늄〉과 〈국일제지〉라는 두 종목의 운명이 정반대로 엇갈리는 하루였습니다. 〈남선알미늄〉을 보유한 투자자라면 오늘 하루가 생지옥같이 힘들지 않았을까 하는 생각도 듭니다. 주식투자를 하다 보면 이런 일들이 정말 비일비재하지만, 그런 아픈 시련들이 나 자신에게 닥쳐야만 비로소 정말 주식시장이 얼마나 무서운 곳인지 다시금 느끼며 아픈 만큼 성장하게 되는 것 같습니다.

〈국일제지〉의 경우 며칠간 단봉이 출현하다 오늘 거의 2시 30분 이후부터 슈팅이 나왔는데, 역시 신고가 영역의 종목에서는 정말 수급의 힘이 강하다는 것을 새삼 느낀 하루였습니다. 수급으로 상한가에 진입한 〈국일제지〉는 장후시간외 거래에서도 매수와 매도를 반복했고, 시간외단일가에서도 거래가 100만주 이상 터졌습니다. 장 막판에 상한가에 진입한데다 재료에 의해 상한가에 진입한 것이 아니어서, 내일 아침 갭이 뜨면 매도하려는 심리를 가진 투자자가 많아 예상외로 갭 상승으로 출발하지 않을 수도 있을 것입니다. 시초가가 뜨지 않으면 어제 장 막판에 매수한 투자자들 대부분이 시초가 부근에서 던질 것이고, 보합 부근이나 약간 마이너스로 출발하면 또 손 바뀜이 일어나면서 성격 급한 스캘퍼들은 거의 장 초반에 매도할 것입니다. 그러면 단기 세력들이 그들의 물량을 받아서 주가를 밀어 올리든지, 아니면 약간 갭 상승했다가 조정받는 캔들이 발생할 가능성이 높다고 보면 될 듯싶습니다.

주식 초보자들이 운 좋게 이 종목 저 종목 홀딩하면서 조금씩 수익을 보다 보면 자기도 모르게 자신감이 충만해지고, 그러다 어느 순간 한 종목에 꽂혀서 미수 또는 신용 몰빵을 하게 됩니다. 어제 〈남선알미늄〉처럼 악재 기사가 나와서 하한가에 진입할 경우 현금 부분만 들고 있었다면 30% 손실에 그쳤겠지만, 신용 몰빵을 했다면 원금의 75% 정도가 오늘 하루 사이에 증발해 버렸을 것입니다. 정말 엄청나게 무서운 시장이 주식시장이라는 것을 또 한 번 뼈저리게 느낀 하루였습니다.

자신이 감당할 수 없는 큰 금액을 절대 한 종목에 몰빵하지 마세요. 오늘 비록 손실이 났다고 하더라도 이 경험을 여러분의 주식인생에서 정말 큰 교훈으로 삼기 바랍니다.

정치테마주, 남북경협주의 경우 항상 위험(High risk, high return)이 도사리고 있는 지뢰밭과 같다고 보면 됩니다. 고수 중에는 오늘 같은 날 〈남선알미늄〉 같은 종목을 하한가에 매수해서 수익을 내는 사람도 많습니다. 저도 오늘 아침에 잠깐 〈남선알미늄〉만 하한가 부근에서 조금 매

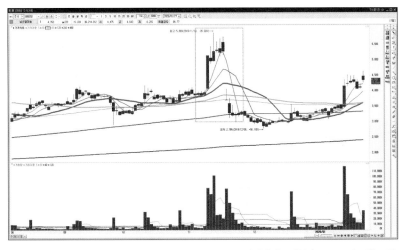

남선알미늄 일봉차트(2019년 11월 19일)

매했습니다. 제가 가장 잘하는 것이 오전장 수익을 지키는 것이니, 어느
정도 수익이 나면 오후장에는 매매를 하지 않으려고 노력 중입니다.

누군가가 겁에 질려 다 던져버린 것을 누군가가 하한가에 매수해서 수
급을 이용해 수익을 내는 것이 주식시장입니다. 9시 장 시작 후 하한가
잔량이 1,000만주 쌓여 있는 상태에서 지속적으로 매수가 들어왔는데,
무조건 하한가에 잠겨서 풀리는 것도 아니고 가끔은 하한가를 푸는 척하
다가도 다시 하한가 잔량이 쌓이는 경우도 흔합니다. 이 시장에는 정말
수많은 경우의 수가 있다는 것, 하한가 잔량이 어느 정도 있을 때 매수주
문을 해야 할지 아는 것도 시장에서 많은 경험을 쌓아야 가능합니다. 계
좌에 크게 손실이 났다면 쉽지 않겠지만, 주식투자를 오랫동안 하려면
지나간 일은 하루빨리 잊고 새로운 미래를 생각해야 합니다.

수소테마 광풍,
매수세가 좋을 때 집중 공략하라

• 2019년 1월 18일 •

수소차 테마주가 코스닥 시장에서 남북경협주와 함께 연초부터 강한 상승세를 나타내고 있습니다. 20년 정도 주식투자를 하면서 수소차처럼 강한 테마주는 정말 오랜만에 보는 듯합니다.

요즘 코스닥 시장의 수소차 테마 수급을 보면 광풍이라고 해도 과언이 아닐 정도입니다. 수소차 관련주를 매매하는 투자자들이 '이렇게 시장이 좋은가?'라고 생각할 정도로 수소차 종목의 급등세가 연출되고 있고, 그런 만큼 시장에서 많은 수익을 올리는 사람들도 꽤 보입니다.

매일 수익이 나는 투자자 중에서는 '주말도 없이 매매하면 좋겠다.' 이런 생각을 하는 사람도 있을 것이고, 가족이 있다면 '이번 주말에 가족과 함께 어디로 가서 힐링을 해볼까?' 이런 생각을 하는 사람도 있을 것입니다. 즐거운 주말에는 주식은 잠시 잊고 힐링하며 쉬기 바랍니다.

예전에는 테마주라고 하면 뉴스에서 '팔아라'가 대부분이었는데, 정부가 수소차 활성화 로드맵을 발표한 이후 수소차 테마주에 대단히 큰 세력들이 들어온 듯 보입니다. 단순한 수소차 제작·부품 기업을 넘어 수소차 충전소 등 인프라를 비롯해 수소차와 조금이라도 연관된 기업들이 모두 상승하고, 대부분의 주식투자자가 수소 관련 기업들을 발굴하기에 혈안이 된 듯한 모습을 보이니 말입니다.

오늘은 수소차 관련주인 〈성창오토텍〉이란 종목이 시초가 연장에 들어가고 바로 상한가에 진입하는 바람에 약보합 부근에서 출발하려던 수소차 관련주들이 다시 초강세로 전환했습니다. 문 대통령의 확고한 수소차 전폭 지원이 오늘 주식시장에서 아주 핫한 반응을 끌어낸 듯싶습니다. 테마로 묶여서 움직이는 종목군이라 먼저 상승한 대장종목에 경고 예고가 뜨면 다시 후발종목이 바통을 이어받아 대장주를 교체하면서 상승하고 있어, 당분간은 수소 관련주 시세의 연속성이 좀 더 이어질 것으로 보입니다.

주식투자를 하다 보면 항상 연초의 주식시장에서 수익을 낼 기회가 많다는 것을 느낍니다. 지금 코스닥 쪽에서 테마주가 움직일 때 수소차 테마, 남북경협 테마 등에서 올해 목표했던 수익을 어느 정도 챙겨 놓아야 합니다. "물 들어왔을 때 노 저어라."라는 말도 있고 '시불가실(時不可失)'이란 말도 있습니다. '시불가실'은 때는 한 번 가면 다시는 돌아오지 않으니 때를 놓쳐서는 안 된다는 뜻입니다. 물 들어왔을 때 열심히 노를 저어 고기를 잡아야 하는 것처럼 말이지요.

지금이야말로 주식시장에서 수익을 많이 낼 수 있는 절호의 기회일 수도 있습니다. 그렇다고 무리하게 추격매수를 하지는 말고, 항상 저점에서 매수하는 습관을 길러야 합니다.

　당일 거래량이 많이 터지는 종목이 주식시장에서 현재 트렌드에 부합하는 종목이고 시장에서 가장 핫한 주도주 역할을 합니다. 누누이 이야기했듯이 시장의 돈이 집중되는 종목에서 수익을 찾길 바랍니다.

급등락 심한 코스닥 테마주는
대응 가능한 투자자만 매매하라

• 2020년 1월 10일 •

요즘 코스닥 테마주의 경우 순환매가 돌면서 동에 번쩍 서에 번쩍, 급등락이 무척 심합니다. 테마주를 잘 매매해서 큰 수익을 내보면, 마치 마약처럼 푹 빠져서 헤어나오지 못할 정도로 매력적입니다. 그런데 이런 테마주는 시장에 민첩하게 대응할 수 있는 사람만 매매해야 합니다.

HTS나 MTS에 있는 '스탑로스'라는 기능을 잘 숙지해서 직장에 다니더라도 출근할 때 이 기능에 '트레일링 스탑' 조건까지 걸어두기 바랍니다.

초보자의 경우 주식매매만 하면 가슴이 콩닥콩닥 뛰고, 올라가는 주가를 보면서 '잠시 탑승해서 1%만 먹고 나와야지.' 하고 잠시 탑승한 가격이 웬걸, 그날 주가의 꼭지가 되기 일쑤입니다. 이런 매매패턴으로 매일 손절매만 반복하고 있다면 이제는 그런 매수 욕구를 억제해야 합니다. 지금도 계좌에 계속 손실이 나는 사람은 자신의 문제가 무엇인지 냉

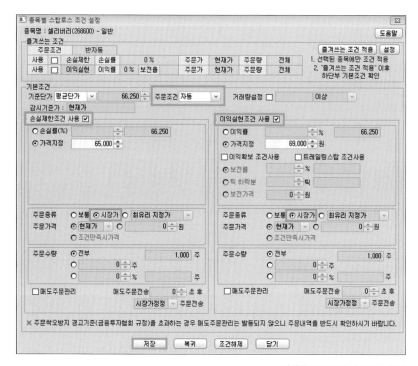

미래에셋대우증권 스탑로스 화면

정하게 성찰해 보기 바랍니다.

　주식을 잘하려면 기본적으로 주식 차트 보는 법을 익혀야 합니다. 2020년 5월 기준 주식시장에서 상장기업은 2,357개사이고 상장종목은 2,508개입니다. 코스피가 923종목, 코스닥이 1,435종목, 코넥스가 150종목입니다. 이 중에서 자신이 어떤 종목을 공략할지 판단해야 하고, 많은 시간을 투자해 수익이 날 수 있는 차트의 흐름을 익히기 위해 지속적으로 노력해야 합니다.

　대부분의 초보 투자자들이 좋은 시장에서 우연히 주식투자를 시작해 소 뒷걸음치다 쥐 잡는 격으로 수익을 내면서 "주식 별것 아니네." 하다가 결국에는 많은 아픔을 맛보게 되는 곳이 주식시장입니다. 주식투자를 시작하면서 한 번쯤 깡통을 안 차본 사람은 별로 없을 것이라고 생각합니다. 주식시장에서 성공이란 단어와 주식경력은 결코 비례하지 않습니다. 주식투자를 하다가 깡통을 찰 수는 있지만 자신이 왜, 무엇을 잘못해서 깡통을 찼는지 그 원인을 확실하게 분석해야 합니다. 주식매매를 하면서 투자노트에 오늘 내가 무엇을 잘못했는지 적으면서 장 마감 이후 분차트를 띄우고, 장 마감 후 복기도 하면서 내일부터 다시는 이런 잘못을 되풀이하지 않도록 매일매일 노력해야 합니다.

하루에도 원금 몇 백만원으로 매수와 매도를 반복하면서 약정 몇 억원을 게임하듯이 매매하는 중독된 스캘퍼들이 많습니다. 물론 수익이 나면 좋겠지만, 오전장에서 수익이 나도 그 금액에 만족하지 못하고 더 벌려고 또다시 매매하는 것이지요. 스캘퍼의 90% 이상은 수익 난 금액을 잦은 매매로 곶감 빼먹듯이 시장에 헌납하게 됩니다. 거래를 많이 하면 할수록 절대 수익이 날 수 없는 구조이기 때문입니다.

성공하는 스캘퍼의 가장 중요한 덕목을 꼽으라고 한다면, 매일 오전장에서 수익이 났을 때 그것을 무조건 지키는 것입니다. 어느 정도 목표한 수익이 나면 매매를 멈추세요. 시간이 지나면서 그런 작은 습관들이 쌓여 여러분의 주식인생을 엄청나게 많이 바꿔놓을 것입니다.

오늘 장전에 수소차와 관련해 "세계 최초 「수소경제 육성 및 수소 안전관리법」 제정"이라는 기사가 언론 매체를 통해 나왔습니다. 과연 이런 재료가 주식시장에 어떻게 반영될까요? 이런 재료 판단의 무게를 알아야 돈이 됩니다.

그런 맥락에서 오늘 세력들이 왜 〈유니크〉란 종목을 선택했는지 생각해볼까요? 수소차 관련주들 주가가 대부분 많이 하락하여 호가도 엉성하고 매도물량이 없는 상황에서 세력들이 입성하려면 어느 정도의 물량확보가 필요합니다. 〈풍국주정〉의 경우 가격대가 조금 비싸서 호가가 급등락하기 쉽지 않다 보니 7,000원대인 〈유니크〉를 선정한 게 아닐까 싶습니다.

오늘 〈유니크〉의 일봉차트를 보면 240일 이동평균선에 근접하는 날이라 매물벽이 좀 두텁기도 하고, 9시 10분 이내에 좋은 제목의 특징주가 나왔다면 틀림없이 상한가를 한 번은 찍었을 텐데 그러지 못한 부분들이 좀 아쉬웠던 하루였습니다.

유니크 일봉차트(2020년 1월 10일)

⊘ 코스닥 테마주에서 대장주란 당일 상승률이 가장 높은 주식을 일컫는다. 주가가 가장 먼저 움직이며 대장주가 상한가에 진입해야 나머지 주식도 매매해서 수익을 낼 수 있다. 기존 대장주가 투자경고종목이나 단기과열종목 지정에 가까워지면 가끔 대장주 종목이 바뀌기도 한다.

신선한 정치테마주가
주가에서도 강하게 반응한다

• 2019년 9월 9일 •

오늘은 정치테마주에서 신선한 이미지의 홍정욱 관련 대장주인 〈고려산업〉이 지난 목요일 대량거래가 터지면서 금요일 하루 조정받은 후 오전 장에서 시세가 슈팅하는 모습을 보여주었습니다. 장중에는 〈고려산업〉이 대장이었다면 시간외단일가에서는 〈KNN〉이 대장으로 바뀌는 분위기입니다. 추석 전후의 민심 때문에 이 시기가 되면 정치테마주들이 움직이는 경우가 많다는 것을 염두에 두어야 합니다.

오전 11시 30분경에는 문재인 대통령이 조국 법무부 장관 임명을 강행했다는 소식으로 〈화천기계〉란 종목이 널뛰기를 하다 결국 재료 노출로 장 막판에 하락으로 마감했습니다. 단기투자자들이 대부분 인지하고 있는 기사나 뉴스의 결과가 주식시장에 나오면 이것을 재료 노출로 봅니다. 그래서 스캘퍼들이 단기매매로 접근했다가 주가가 상승하지 못하면

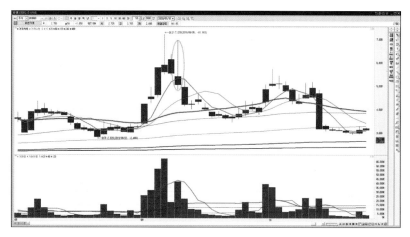

전부 오후장에 매도하므로 주가가 하락하는 것이지요.

　스캘핑을 연습하는 초보 투자자라면 가용할 수 있는 금액의 10%인 소액으로 계속 연습하면서 자신에게 맞는 매매기법을 찾아서 수익을 내야 합니다. 인스타그램 피드에 수익을 인증하는 고수들을 따라 흉내 내기식으로 매매하려다 보면 매일 손실이 날 수도 있습니다.

　장 시작 후 직장 상사의 눈치가 보여 매매하지 못하는 사람들은 오전 9시에서 10시 사이 매매는 포기하고 점심 이후 매매할 수 있는 기법을 연구해야 하며, 오전 10시부터 오후 2시 사이에는 잦은 매매를 해봤자 손실 날 확률이 훨씬 더 높다는 것을 명심하세요. 아무리 매매할 시간이 없다고 해도 점심때는 매매하지 말고 오후장에 어떤 매매기법으로 대응할 것인가를 고민해야 합니다.

　저는 주식강의를 할 때마다 추격매수하지 말라고 귀에 못이 박일 정도로 이야기합니다. 하지만 그럼에도 불구하고 쉽게 고쳐지지 않는 주식시장의 고질병이 바로 추격매수입니다. 주위에서 여러분의 습관을 바꿔주려고 아무리 애써도 스스로 변화하지 않으면 좋은 결과가 나오기 힘들기 때문에 자기 자신이 부단히 노력해야 합니다.

아주 강한 테마주도 단기간에 60% 오르면 고점매도 전략으로 대응하라

• 2019년 9월 22일 •

지금 주식시장에서 핫한 종목군 중 하나가 바로 아프리카돼지열병 관련 주입니다. 2019년 6월에 고점을 돌파했고 대부분의 종목들이 거래량 동반과 함께 신고가 부근 위치에서 거래되는 아주 강한 테마주이긴 하지만, 이럴 때일수록 항상 조심해야 합니다.

금요일 오전장에 파주에서 아프리카돼지열병 의심신고가 2건 접수되었다는 기사가 나온 이후 대부분의 종목들이 장중 급등했고 〈체시스〉의 경우에는 상한가에 진입했습니다. 그러나 예상과 달리 금요일 밤늦게 나온 결과는 '양성'이 아닌 '음성'이었습니다. 대부분의 투자자들이 확진이라고 판단하고 금요일 시장에 대응했기 때문에 양성으로 확진되어야만 본전이 됩니다.

월요일인 내일 장 시작 전까지 추가로 의심신고가 들어오지 않는 한,

내일 오전에는 아프리카돼지열병 관련주의 주가가 금요일 상승분의 최소 절반 이상 갭 하락한 상태로 시작하지 않을까 싶습니다. 지금 아프리카돼지열병 관련주를 홀딩하면 하이 리스크, 하이 리턴(High risk, high return)이라고 할 수 있습니다.

이런 종목에서 크게 수익을 낸 사람도 있겠지만, 뒤늦게 이런 테마주에 잘못 탑승하면 정말 역사적인 고점에 물려서 최고점에서 매수한 케이스가 될 수도 있습니다. 2019년 초 대북주를 고점에서 매수한 뒤 아직까지 50%씩 손실이 난 사람들도 많은 것으로 압니다.

우리는 추격매수의 결과가 어떤지 이미 경험해봤고, 이번 아프리카돼지열병 테마주에서도 누군가는 또 고점에 물리게 될 것입니다. 아프리카돼지열병으로 기업이 얻는 수익과 이득이 그렇게 크지도 않을뿐더러, 대부분의 테마주는 수급과 군중심리로 움직이기 때문에 시간이 지나면 결국 제자리로 돌아가게 됩니다.

많은 전문가들과 리딩방이 아프리카돼지열병 관련 종목 추천을 쏟아내겠지만, 자신이 중심을 잘 잡고 많이 상승했다 싶으면 추격매수를 하지 말아야 손실을 보지 않을 것입니다. 어디가 꼭지인지는 좀 더 지나 봐야 알 수 있으나 이런 급등주는 캔들이 5일 이동평균선을 이탈하는 순간 과감하게 잘라야 합니다. 금요일 의심신고로 시장이 핫한 반응을 보였지만, 다음 주 또 그다음 주로 시간이 지날수록 많은 사람이 비슷한 뉴스를 계속 경험하다 보면 조금씩 재료의 강도가 약해질 것입니다.

주식시장에서 오랫동안 장수하기 위해서는 수익을 내는 것도 중요하지만, 내 계좌에 있는 소중한 자산을 지키며 잃지 않는 매매를 하는 것이 더욱 중요합니다. 적당히 수익을 내고 매도할 줄도 알아야 하고 어느 정도 주가가 오르면 더 이상은 내 것이 아니라는 마인드로 접근할 줄도 알아야 합니다. 이번 주에 경험했듯이 이후 아프리카돼지열병이 추가로 발생하는 곳이 없다면 월요일에 갭 하락이 예상됩니다. 아프리카돼지열병 관련주를 가지고 있다면 정말 아무 일도 손에 안 잡히고 노심초사하면서 주말을 보낼 수 있으니, 홀딩할 때는 신중하게 잘 생각해서 결정해야 합니다.

미세먼지 대책 인공강우 테마주는
1박 2일 단발성 테마주다

• 2019년 1월 22일 •

오늘 주식시장에서는 인공강우 관련주가 오전장 일찍부터 화두로 떠올랐습니다. 어젯밤 뉴스에서 청와대 관계자는 미세먼지 감축 방법을 찾아보라는 문재인 대통령의 지시에 따라 인공강우 실험을 검토하기로 했다고 밝혔습니다. 이렇게 사회적 이슈가 될 만한 내용의 뉴스가 언론에 나오면 전업투자자들은 이것을 인공강우 관련주의 호재로 인식하고 해당 종목을 찾아 공략합니다.

8시 뉴스나 9시 뉴스를 그냥 보고 지나치지 않고, 포털사이트에서 '인공강우 관련주'를 검색해보면 어떤 종목이 관련주인지 나옵니다. 여기서 주의할 점은 인공강우 관련주 중에서 장 시작 후 상승률이 가장 높을 대장주를 매매해야 한다는 것입니다. 그리고 이 재료가 연속성이 있는 재료인지 아니면 단발성 재료인지 스스로 판단할 줄 알아야 합니다.

오늘 〈태경화학〉 같은 경우 아침 일찍 상한가까지 갔는데, 종가의 일봉차트 모습을 보니 또 개인투자자 중 누군가가 고점에 많이 물렸을 것 같습니다. 항상 이야기하듯 자신의 수익과 손절매 원칙을 무조건 지키고, 단기간에 상승폭이 +40% 이상이면 무조건 매도하세요. 설사 추격매수를 했더라도 아니다 싶으면 빨리 손절매해야지, 그러지 않으면 지금 시장은 신용이나 미수를 썼다가는 정말이지 깡통 차기 딱 좋습니다.

코스닥 테마주를 매매할 때는 단발성인지 아닌지, 나온 재료의 내용으로 뉴스가 며칠이나 갈 수 있는지 등 재료의 무게를 잘 판단해야 합니다. 인공강우 테마의 경우 일봉차트에서 보듯 며칠 전부터 증권가 찌라시의 영향으로 이미 주가가 상승해 있었습니다. 오늘 대량거래가 터지면서 슈팅이 나오고 고점에서 장대음봉의 피뢰침 캔들이 발생한 것으로 보아, 하루나 이틀 정도의 단발성 테마주라고 보면 됩니다.

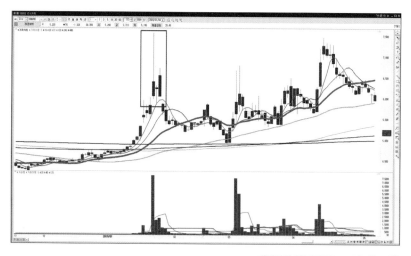

태경화학 일봉차트(2019년 1월 22일)

금요일 장 마감 무렵에는
종목 선정이 특히 중요하다

• 2020년 1월 20일 •

오늘의 매매일지

종목 ｜ 체시스(033250), 파루(043200)

이슈 ｜ 주말에 중국에서 폐렴 환자 200명가량 급증 기사 → 호재

흐름 ｜ 금요일 오후장 종가 무렵 매수 후 홀딩, 갭 상승으로 출발하여 적
　　　　정 가격에 매도

결론 ｜ 커다란 사회적 이슈가 있을 땐 금요일에 어느 정도 비중으로 관련
　　　　주를 매수하여 주말 동안 홀딩해서 넘어가보자.

주말을 앞둔 금요일이면 항상 '주말에 어떤 이슈의 뉴스가 나올까? 어떤 종목을 한번 홀딩해볼까?' 하는 생각을 많이 합니다. '중국 폐렴 환자가 급속히 늘지는 않을까? 일본이나 우리나라에서 환자가 발생하지는 않을까? 관련주 중 어떤 종목을 홀딩해서 넘어가볼까?' 이런 부분들은 주식투자를 하면서 가장 큰 고민이기도 합니다.

주식을 홀딩해서 넘어가지 않았는데 주말에 호재성 재료가 나와서 월요일에 갭 상승으로 출발하면 신규로 먹을 구간이 없으므로, 이런 사회적 이슈가 있을 때는 어느 정도 비중이라도 꼭 관련주를 홀딩해서 넘어가야 합니다.

주말에 중국에서 폐렴 환자가 200명가량 급증했다는 기사가 나와서 오늘 아침에는 대부분의 폐렴 관련주가 갭 상승으로 출발했습니다. 〈체시스〉, 〈파루〉가 초창기 대장주였기에 지난 금요일 오후장 종가 무렵 두 종목을 같이 매수해서 홀딩했습니다. 두 종목을 같이 홀딩한 이유는 어떤 종목이 월요일 아침 대장주 역할을 할지 알 수 없었기 때문입니다. 현재는 〈체시스〉란 종목이 대장주이지만, 그동안 대장주로서 쌓인 상승률의 피로도에 따라서 조금씩 바뀌기 마련이니까요.

사람들은 대부분 이전의 경험으로 대장주를 생각하지만, 세력들은 시장의 흐름에 따라서 대장주를 가끔 교체합니다. 오늘 아침에는 〈파루〉가 새로운 대장주가 되었고, 시가총액이 가벼운 〈진매트릭스〉라는 종목이 〈파루〉를 추월해 오전장에서 상한가에 진입했습니다.

테마주에서 투자자들이 잘 생각해야 할 부분이 시가총액이 작고 유통 물량이 적은 종목들에서는 세력들이 상한가를 만들 수 있다는 부분입니다. 단기간에 많이 상승해서 곧 투자경고종목으로 지정되거나 단기과열

예고가 나올 종목들은 상승 탄력이 둔화됩니다.

반면에 이제는 사람 간의 전염 같은 부분을 고려해야 하기 때문에 마스크 관련주인 〈오공〉이 상한가로 진입했고, 〈케이엠〉, 〈웰크론〉 등 마스크 관련주들의 주가도 서서히 움직이기 시작했습니다. 그동안 상승폭이 크지 않던 〈고려제약〉도 이날 대량거래와 함께 상한가에 진입했습니다.

단기간에 주가가 많이 상승한 〈체시스〉 같은 종목에서는 장 마감 이후 대주주의 장내 매도가 기사로 나왔습니다. 장중에서부터 조정 분위기를 보이더니, 장 마감 이후 대주주가 62만주 장내 매도했다는 기사가 뜨면서 시간외단일가에서 하락세로 마감했습니다.

안철수가 주말에 귀국해서 총선에 출마하지 않는다고 밝히자 대부분의 주식 시초가가 10% 이상 급락하면서 출발했습니다. 주식시장에서는 "소문난 잔치에 먹을 것 없다."라는 증시 격언이 항상 90%는 맞게 반영되기 때문에 향후 이런 부분들을 메모해두었다가 손실을 두 번 보는 일이

종목명	잔고수량	잔고평균단가	당일매수 수량	평균단가	매수금액	당일매도 수량	평균단가	매도금액	매매비용	손익금액	수익률
체시스	5,000	4,000	10,000	4,000	40,000,000	25,000	4,713	117,835,235	317,440	6,935,040	6.25
SCI평가정보	0	0	0	0	0	5,000	2,895	14,475,000	39,067	-54,067	-0.37
큐로컴	0	0	7,923	2,600	20,599,800	7,923	2,635	20,877,105	56,322	220,983	1.07
파루	10,000	3,799	37,195	3,816	141,951,725	52,195	3,612	188,531,525	508,387	5,046,413	2.75
이글벳	3,000	7,658	5,000	7,658	38,290,000	5,000	7,542	37,710,000	101,752	412,248	1.11
제일바이오	0	0	12,000	10,787	129,450,000	12,000	10,700	128,400,000	346,780	-1,396,780	-1.08
웰크론	0	0	4,882	4,905	23,946,210	4,882	4,885	23,848,570	64,391	-162,031	-0.67
국일제지	0	0	0	0	0	5,000	6,040	30,200,000	81,570	-381,570	-1.25
케이엠	0	0	20,646	8,951	184,811,700	20,646	9,081	187,500,480	505,972	2,182,810	1.18
다올멀티미디어	0	0	0	0	0	5,000	4,570	22,850,000	62,005	-3,262,005	-12.49
진매트릭스	0	0	16,000	2,881	46,103,730	23,000	2,817	64,795,025	174,711	1,906,587	3.03
브릿지바이오테라퓨틱	0	0	141	61,690	8,698,400	141	61,100	8,615,100	23,255	-106,555	-1.22

체시스와 파루 매매일지

없도록 해야 합니다. 누구나 아는 뉴스는 그 속에 큰 내용의 재료가 들어 있지 않으면, 대부분의 선취매 물량이 실망 매물로 폭탄이 되어 시장에 나오는 계기가 될 수도 있다는 것을 테마주를 매매할 때 꼭 명심해야 할 것입니다.

주식시장에서는 예상치 못한 곳에서 호재의 결과가 도출되면 관련주가 시장에서 상승하는 파급력이 폭발하고, 누구나 아는 뉴스의 경우에는 조금만 삐끗하면 대형 악재로 반영된다는 것을 항상 기억하세요. 혹시나 하는 그런 투자는 하지 않는 것이 좋습니다.

우한 폐렴(코로나 19) 관련주의 경우 우리나라에서도 오늘 확진 환자가 한 명 발생했기 때문에 추가 확산 속도에 따라서 관련주들의 주가 등락이 결정될 듯싶습니다. 시간이 흐를수록 주가의 상승 탄력은 둔화될 것이고, 조금씩 순환매가 일어나다가 우한 폐렴으로 인해 매출이 일어나는 진정한 수혜주를 찾게 될 것입니다. 이 수혜주가 어느 정도 상승하면 테마의 고점을 찍게 될 것이므로, 단기간에 상승한 고점의 캔들에서 대량 거래가 발생한다 싶으면 반드시 매도하고 나와야 할 것입니다.

테마주에서 대장주는 재료 발생 초기에 과감히 홀딩하라

• 2020년 1월 28일 •

2020년 설 연휴 전부터 우한 폐렴이 조금씩 확산되었습니다. 연휴인 4일 동안 폐렴이 확산될 것으로 예측은 했지만, 연휴 전 상승폭이 있어서 혹시나 하는 마음에 마스크 관련주인 〈오공〉을 그다지 많이 홀딩하지 않았던 것이 저의 뼈아픈 실수였습니다. 이런 질병 테마들은 5년에 한 번 올까 말까 하므로, 차후 이런 기회가 있다면 꼭 초창기에 관련주 중에서 대장주를 잡아 홀딩해보기 바랍니다.

오늘은 설 연휴가 끝나고 주식시장이 개장했으나, 우한 폐렴 확산으로 인한 경기 위축을 염려한 외국인과 기관투자자들의 매도로 주식시장은 6.9% 급락하며 마감했습니다. 우한 폐렴 테마 관련주들이 17종목이나 상한가에 진입했고 관련 종목 대부분이 초강세를 보였습니다. 폐렴 테마주를 보유하지 않은 사람은 소외감을 느껴 힘들었던 하루였습니다.

폐렴 테마주를 보유하고 있다면 주가가 하늘 높은 줄 모르고 계속 상 승할 수는 없으니, 단기간에 50% 이상 내지 일주일 이내에 고점에서 매 도하는 전략으로 접근하세요. 오늘은 연휴 4일 동안 폐렴에 대한 재료들 이 합쳐져서 대부분 종목들이 급등했지만, 이후부터는 대장주 위주의 종 목들만 갭이 좀 크게 나오는 식으로 주가들의 차별화가 조금씩 진행될 것으로 보입니다.

오늘은 단기과열종목으로 지정되어 30분마다 거래되는 종목들도 제 법 있었는데, 이럴 경우에는 강한 종목 위주로 선별적으로 접근해서 매 매해야 합니다.

아래 〈오공〉 일봉차트를 보면 창 아래쪽의 첫 번째 원에서 가장 대량 으로 거래가 발생했고 창 위쪽의 두 번째 원에서는 역망치 음봉 캔들이 발생했습니다. 역망치 캔들이 발생했음에도 대량거래가 발생하지 않고 전날 거래량의 1/3 정도만 발생했기 때문에 단기 꼭지로 볼 수는 없습니

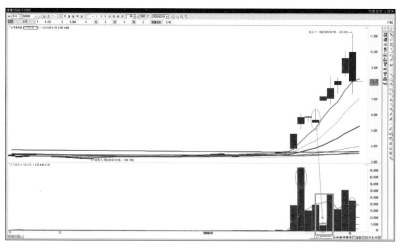

오공 일봉차트(2020년 1월 28일)

다. 창 아래쪽의 세 번째 박스에서도 장대음봉의 캔들이긴 하지만 꼬리를 달고 5일 이동평균선 위로 올려놓았기 때문에 다음 날 확인하고 대응해야 합니다. 거래량이 지속적으로 늘어나고 캔들이 5일 이동평균선을 이탈하면 고점에서 매도하고 나와야 할 것입니다.

점상한가로 출발한 〈바디텍메드〉를 제외하면 마스크 관련주인 〈오공〉이 대장주 역할을 하고 있는데, 어디가 고점일지는 당일 거래량을 체크해 봐야 판단할 수 있습니다. 오늘 거래량을 보면 433만주가 거래되며 상한가에 진입했고, 이전의 최대거래량은 4,700만주 정도였습니다. 아무리 좋은 재료라 할지라도 주가는 결국 수급으로 움직이므로 재차 4,000만주 이상 거래가 터진다면 조심해야 할 구간이라고 생각됩니다.

이번 폐렴 사태가 어느 정도 마무리 국면으로 접어들면 결국 몇 달 뒤 테마주들의 주가는 원래대로 회귀하게 마련입니다. 이런 테마주를 보유했다면 단기간에 50~100% 상승한 종목들은 고점에서 조금씩 분할 매도로 대응하세요.

주가란 항상 처음에는 재료와 정비례하지만, 시간이 지날수록 점차 재료에 둔감해지면서 대량거래가 터집니다. 테마주를 매매하다 보면 '10종목 이상 집단으로 상한가에 진입한 다음 날에는 큰 갭 상승이 없을 수도 있다'는 것을 자주 느끼는데, 이번 테마주는 워낙 재료의 강도가 강하다 보니 내일 아침에 어떤 양상이 펼쳐질지 궁금해지네요. 오늘 저녁 추가로 확진자가 발생하지 않는다면, 대장주 한두 종목을 제외하고는 주가가 내일 그리 강하게 출발하지는 않을 것이므로 밀어서 올려야 할 것입니다.

아프리카돼지열병, 폐렴, 사스, 메르스 등 질병이 발생했을 때 초반에 연휴나 주말이 있으면, 전날 어느 정도 비중 있게 매수해서 다음 거래일로 넘어가는 것도 괜찮은 투자 방법 중 하나입니다. 일봉차트에서 추세가 살아 있는 종목 중 항상 대장주를 선택해서 홀딩하는 습관을 길러보세요.

'아기상어' 빌보드 100 첫 진입,
관련 테마주가 급등하다

• 2019년 1월 9일 •

오늘 주식시장에서는 "인기동요 '아기상어'가 빌보드 핫100에서 32위 첫 등장"이라는 이슈가 등장하면서 관련 종목인 〈삼성출판사〉, 〈토박스코리아〉가 상한가에 진입했습니다. 여기서 알 수 있듯, 주식투자를 하다 보면 재료의 값어치가 어느 정도인지 판별하기 위해서 아이들 동요까지도 들어볼 필요가 있다는 것을 명심하세요.

　주가 상승에서 가장 중요한 핵심은 거래량입니다. 평소에 거래량이 없어 조용하던 종목에 갑자기 거래량이 터지면 주가는 상승으로 전환됩니다. 그런데 거래가 없던 종목에 무슨 이유로 거래량이 터질까요? 정답은 시장에서 주식투자를 하는 누군가가 관련주의 뉴스 내용이 좋다고 생각해서 매수하기 때문입니다.

　그러니 평소에 거래도 없이 조용하던 종목에서 갑자기 거래량이 터진

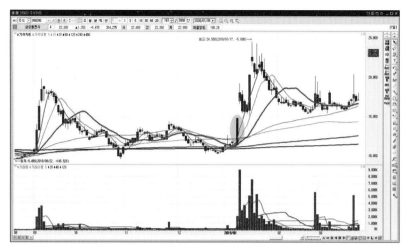

삼성출판사 일봉차트(2019년 1월 9일)

다면 그 시점부터 주가가 상승할 것이라고 생각하고 매수 관점으로 접근
해야 합니다. 이때 항상 1등주(대장주) 또는 2등주 정도까지만 매매해야
합니다.

3~4등주는 '아기상어' 관련주라 할지라도 연관성이 좀 떨어진다 싶은
종목들이어서, 특징주 관련 기사가 나와도 조금 상승하다 다시 내려옵니
다. 그러니 이런 후발주들은 가급적 매매하지 말고, 만약 단기매매를 한
다고 해도 오전장에서만 하세요.

오후 2시 30분 이후 장 막판에는 후발주들 대부분이 상승폭을 많이 반
납하기 때문에 테마주를 매매할 때는 항상 대장주를 매매하는 습관을 길
러야 합니다.

시황매매에서 '암'이란 단어가
주가에 미치는 영향은 폭발적이다

• 2019년 3월 21일 •

오늘의 매매일지

종목 | 현대바이오(048410)

이슈 | 동물실험에서 계열사 약이 췌장암을 사멸하는 효능 확인 → 호재

흐름 | 어제와 오늘 이틀간 약 45% 이상 상승

결론 | 전일 시간외단일가에서 많이 상승한 종목이나, 전일 강하게 상한
가에 진입한 종목을 장전시간외에 주문하면 득템하는 경우가 종
종 있으니 열심히 시도해보자.

어제오늘 주식시장에서 가장 핫한 종목은 〈현대바이오〉가 아니었나 싶습니다. 〈현대바이오〉는 어제 장 시작 전인 오전 8시 56분에 계열회사가 개발한 약이 동물실험에서 췌장암을 사멸하는 효능을 확인했다는 기사가 뜨면서 오늘까지 이틀 동안 거의 45% 이상 상승했습니다. 주식시장에서 '암'이란 단어는 늘 대형 호재로 작용합니다. 그래서 많은 개인투자자들이 이런 뉴스를 접하면 무조건 시초가에 매수하려고 불나방처럼 달려들곤 합니다.

시초가에 갭 상승이 높은 종목을 매수해서 수익을 내기란 정말 힘듭니다. 시초가가 +17% 갭 상승해서 곧바로 상한가로 직행하는 종목은 거의 없다고 보면 됩니다. 그 이유는 몇 달 동안 이 주식에 물려 있던 투자자들 대부분이 드디어 본전에 왔다고 생각하고 매도물량을 쏟아내므로, 이 물량을 소화하는 과정이 필요하기 때문입니다.

어제 〈현대바이오〉의 경우 +10% 이상 갭 상승으로 출발했기 때문에 정적VI가 발동했습니다. 9시 2분 30초경 시초가가 체결되고 나서 바로

장전시간외에서 매매한 현대바이오 매매일지

장대음봉의 캔들이 발생하면서 대량거래가 터진다면, 이 종목은 무조건 시간조정을 하고 1분봉차트에서 20분봉 이동평균선과 수렴 시 주가가 움직일 수 있는 변곡점으로 보고 대응해야 합니다.

저는 1년 365일 주식시장이 열리는 날이면 7시쯤 컴퓨터를 켜고, 전일 시간외단일가에서 많이 상승한 종목이나 전일 강하게 상한가에 진입한 종목이 있으면 꼭 장전시간외 매수주문을 합니다.

오늘은 특별히 매수주문을 넣을 종목이 없어서 전일 상한가에 진입한 〈현대바이오〉만 장전시간외에 2만주 주문했습니다. 누군가 장전에 15만주를 매도한 덕에 매수체결이 되어 시초가 부근에 매도해서 10% 가까운 수익을 올리며 장전 득템에 성공했습니다. 이처럼 매일 주문하다 보면 장전시간외에도 몇 달에 한 번 정도 운 좋게 매수체결이 될 수 있으니 시간외 거래를 할 수 있는 여건이라면 열심히 시도해보기 바랍니다.

아시아나항공 매각 이슈로 인해
항공주가 급등세를 보이다

• 2019년 4월 15일 •

주식투자를 20년간 하면서 항공주가 이렇듯 비행기처럼 날아다니는 것은 저도 처음 봅니다. 금요일 하루 힐링한다고 주식매매를 쉬었더니 급등한 항공주 때문에 저도 완전히 멘붕입니다. 최근에 급등한 항공주를 하나도 매매 못 하고, 그렇다고 어제 상한가에 매수하자니 부담스럽고…. 개인투자자들 중에 최근 항공주로 수익을 많이 본 사람들이 제법 많은 것 같습니다.

다른 쪽 주식은 전광판이 전부 파란색인 걸 보니 역시 주식은 시장의 중심주, 즉 수급이 붙는 쪽으로 매매해야 수익을 낼 수 있음을 다시 한번 깨닫습니다. 〈아시아나항공〉의 경우 매각뉴스도 나왔고 재료도 노출된 데다, 오늘 거래량이 최대로 터지는 등 단기 고점의 징후를 보이고 있습니다. 장후에 나온 공시를 보면 〈아시아나항공〉은 투자경고종목으로 지정되어 증거금이 100%여야 하므로 내일부터 미수 거래가 불가능합니다. 매각에 대해 뭔가 또 다른 모멘텀을 시사하는 뉴스가 나와야 추가로 상승할 것이라는 생각도 들고, 캔들이 5일 이동평균선 위에 살아 있어서 아직 꼭지라고 말할 수는 없으며, 다시 상승해도 하루나 이틀 조정 후에 시세가 나올 것 같습니다.

주위에서 항공주로 수익을 많이 내고 좋아하는 모습을 보면, 단기 트레이더들은 자기만 항공주로 수익을 못 낸 것 같아 괜히 마음만 조급해지기 쉽습니다. 그런 상태로 급하게 매매하다 보면 손실이 나는 것은 물론이고 멘탈도 나가기 마련이지요. 이럴 때일수록 멘탈이 도망가지 않게 꽉 잡고 스스로 자기 관리를 잘하면서 매매하기 바랍니다.

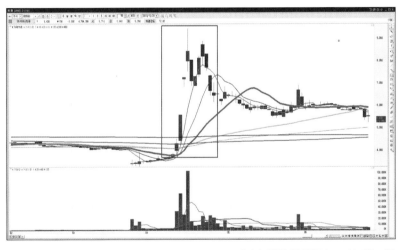

아시아나항공 일봉차트(2019년 4월 15일)

삼성전자의 정책은 코스닥 시장 테마주에 영향을 미친다

• 2019년 4월 5일 •

어제 장중에 삼성전자가 2030년까지 비메모리 분야에 133조를 투자한다는 기사가 나왔습니다. 대부분의 투자자들이 이미 알고 있는 사실이라 그 당시에는 별다른 반응이 없더니, 어제저녁 KBS 뉴스에서 〈에이디칩스〉 부사장의 인터뷰가 나온 뒤 이 회사 주식이 오늘 시장에서 대장주로 떠올랐습니다. 대량거래를 수반하면서 장중에 상한가까지 상승했다가 종가는 +11.68%로 마감했습니다.

오늘 아침 장전시간외에 4만주가량이 거래되었고 매수잔량은 20만주가량 쌓였으며, 시초가는 +10% 이상 갭 상승하며 출발했습니다. 보통 개인투자자들은 시초가가 많이 상승하며 출발하면 시초가에 주식을 매수하는 경우가 많습니다. 그런데 이렇게 갭 상승한 종목을 시초가에 매수하면 손실을 볼 확률이 80% 이상이라고 생각하면 됩니다. 그간 누누이 말했듯 시초가가 7% 이상 크게 갭 상승하는 종목은 시초가에 매수하지 말아야 합니다.

아주 강력한 재료라면 모를까, 시초가가 7씩, 10%씩 상승하면 전날 이 종목을 보유한 투자자들은 매도 욕구를 강하게 느낍니다. 주가가 시가를 9시 3분 내에 돌파하지 못해 시초가 아래로 내려가면 당일 아침 시초가에 매수한 투자자들 대부분이 손절매하기 때문에 주가가 바로 상승하기 어려워집니다.

세력들이 1분봉차트의 5분 이동평균선이나 10분 이동평균선 부근에서 물량을 받아서 시가를 돌파하면, 스캘퍼들은 그것을 보고 '매수세가 강하구나!' 하고 다시 매수에 가담합니다.

항상 염두에 두어야 할 것은 시초가가 10% 이상 갭 상승 시 시초가에 매수하지 말고 20분 정도 기다렸다가, 1분봉차트를 보는 투자자라면 캔들이 20분 이동평균선을 지지할 경우에 눌림목 구간에서 매수해야 한다는 것입니다. 가장 단순한 논리로 생각해 볼까요. 시초가가 +10% 이상으로 출발하면 지금까지 〈에이디칩스〉를 보유한 투자자들의 매도 욕구가 당연히 강해질 것입니다. 그런데다 오늘 주가가 일봉차트에서 2년 동안의 평균 가격대인 480일선을 돌파하다 보니, 그동안 이 주식을 보유하다가 본전 가격에 오니까 매도하려는 사람들과 재료의 내용이 좋아서 매수하려는 사람들이 치열하게 사고팔았을 것입니다. 그래서 대량거래가 발생한 것이지요. 일봉차트에서 보면 480일선의 가격이 2,220원 정도입니다. 즉 2년 동안 〈에이디칩스〉 주식을 보유해온 주주들의 평균 매수 가격은 2,220원 정도가 됩니다.

여러분이 2년 동안 어떤 주식에 물려 있었는데 이제야 본전 근처에 왔

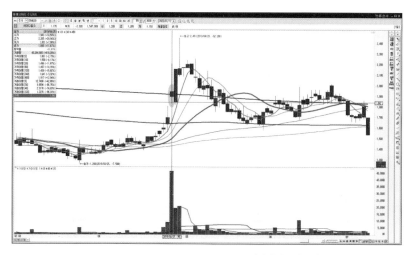

다고 한다면 어떻게 할 것 같은가요? 대부분이 쾌재를 부르며 보유 주식을 매도할 것입니다. 2년 동안의 평균 가격을 대량거래와 함께 돌파한다는 것은 어떤 의미일까요? 1~2년 주식을 보유하다가 지겨워서 본전 부근이라 매도했는데, 그제야 주가가 훨훨 날아가는 경험을 많이 해봤을 겁니다. 이것이 일봉차트에서 캔들이 대량거래를 동반하면서 장기 이동평균선인 240일, 480일 이동평균선 위쪽 방향에 안착하는 것에 상당히 큰 의미를 부여하게 되는 이유입니다. 역배열에서 정배열로 서서히 바뀌면서 주가가 이때부터 상승 방향으로 전환하는 종목들도 많으니 유심히 관찰해야 할 것입니다.

스캘핑으로 수익을 내려면 오늘 같은 경우 비메모리 분야 대장주인 〈에이디칩스〉가 장중 강하게 상한가에 진입한 뒤 이를 유지해야 합니다.

미국 FDA 재료의 영향력,
흔들리지 말고 공부한 대로만 하라

• 2019년 5월 2일 •

싱그러운 5월, 주위의 모든 것이 녹색으로 바뀌며 축제도 많아지고, 어린이날과 어버이날 등 지출도 많아지는 달이 시작되었습니다. 이번 달에는 수익을 많이 내서 친구나 애인, 아이들과 행복한 시간을 보내며 부모님에게 효도하는 좋은 달이 되길 바랍니다.

지난 4월에는 전반적인 시장 분위기가 좋지 않아서 1억이 든 계좌 하나만 쉬엄쉬엄 스캘핑으로 운영했습니다. 매번 느끼지만 시장에서 이기기 위해서 가장 중요한 것은 당일 핫한 뉴스가 될 재료를 찾고, 그런 재료들이 종합시황 창에서 뉴스로 나왔을 때 어떻게 매매하면서 대처하는지가 수익과 손실을 판가름한다는 것입니다.

오늘은 〈케이엠제약〉이란 종목과 관련, 장 시작 전 8시 54분 인포스탁이란 매체가 종합시황 창에 "케이엠제약, 생산공정 美 FDA '적합' 판정"

케이엠제약 종합시황 창 기사

이라는 기사를 내보냈습니다. 이런 뉴스가 HTS에 나오면 대부분의 전업투자자들이 제목과 기사 내용을 보고 좋다고 생각합니다. 하지만 이종목을 매수하고자 하는 건 일반 투자자들과 마찬가지더라도 고수들은 8시 59분 이전에는 절대 매수주문을 넣지 않습니다. 매수주문을 넣으면 호가만 올라가기 때문에 〈케이엠제약〉을 매수하고자 하는 시장 참여자들은 대부분 8시 59분 50초 이후에 매수주문을 넣는다고 생각하면 됩니다.

〈케이엠제약〉은 시초가가 +8.33%로 갭 상승하며 출발했습니다. 시초가가 출발하고 바로 상승하면서 공짜로 돈을 안겨주는 종목은 그리 많지 않습니다. 장 시작 후 시초가 부근에서 매수와 매도가 공방을 벌이다가 매수세가 강하면 위 방향으로 가고 매도세가 강하면 아래 방향으로 갑니다. 매수세나 매도세가 강하다는 것은 현재가 창의 흐름을 보고 느껴야 하며, 많은 경험과 노하우가 필요한 부분입니다.

일봉차트를 보면 240일 이동평균선이 5일선과 20일선보다 위쪽에 위치한 역배열 차트임을 알 수 있습니다. 1년 동안 이 주식을 보유한 투자자들의 본전이 3,710원 정도 되는 셈인데, 그동안 물려 있던 개인투자자들 대부분이 주가가 자신이 매수했던 가격 근처까지 오면 "드디어 본전에 왔네." 하며 매도버튼을 누르기 마련입니다. 그래서 이런 역배열 차트에서는 많은 매물벽이 존재하기 때문에 이 종목에서도 최대 거래량 부근 정도는 터져 주어야 240일 이동평균선을 뚫고 상승으로 갈 수 있습니다. 현재가 창을 봐도 잘 모르겠다면 1분봉이나 3분봉의 캔들과 이동평균선을 보고, 분봉차트를 믿고 매매해도 됩니다.

우리가 외국인이나 기관처럼 정보를 빠르게 얻을 수 있기를 한가요, 아니면 세력들처럼 돈이 많기를 한가요? 개인투자자가 시장에서 이기는 방법은 오로지 기술적 분석뿐이라고 생각합니다. 저는 모든 매매를 종합시황 창을 보고 하는 편입니다. 하지만 초보자라면 손실을 볼 확률이 높으니, 종합시황 창에 나오는 뉴스를 확인하면서 오늘은 어떤 이슈가 있는지 계속 체크하며 매매하는 게 좋다는 정도로 알아두세요.

2000년 초반만 해도 저는 주식 관련 책 한 권도 제대로 읽지 않고 오로지 현재가 창만 보면서, 큰 물량이 매수하면 따라서 매수하고 큰 물량

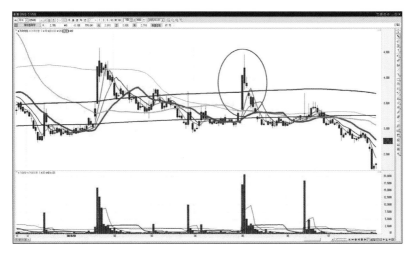

이 매도하면 같이 매도했습니다. 여러분은 그렇게 바보같이 매매했던 그 시절의 저 같은 전철을 밟지 않기를 바랍니다. 주식시장은 자신이 공부한 만큼 반드시 결과로 되돌려줍니다.

특히 스캘퍼들은 처음부터 매매 습관을 잘 배워야 합니다. 저는 2000년도 초반부터 수익이 1% 나면 주식을 매도하고 매도한 주식이 올라가면 고점에서 다시 매수하는 나쁜 습관이 몸에 뱄는데, 지금까지도 고치지 못했습니다. 저와 같은 매매 습관이 들지 않도록 추세매매가 가능한 종목이라면, 스캘핑이라도 한 시간 이상 홀딩해서 수익을 꼭 극대화해보기 바랍니다.

국일제지, 구글과의 비밀유지 계약으로
그래핀 관련주가 급등하다

• 2019년 5월 9일 •

오늘의 매매일지

종목 | 오리엔트정공(065500)

이슈 | 구글과 국일그래핀의 신소재 그래핀 관련 협업 소식 → 호재

흐름 | 시간외단일가에서 상승, 다음 날 정리

결론 | 테마주가 초강세일 경우 대장주 외에도 시간외단일가에서 상승하
는 종목이 있을 수 있다.

요즘 주식시장에는 대외변수에 따라서 정말 힘든 상황이 연속으로 이어지고 있습니다. 오늘도 주식시장은 미중 무역전쟁으로 인해 고래 싸움에 새우등 터지는 꼴이 되면서 하루 종일 우하향으로 흘러내리며 마감했습니다.

최근 〈국일제지〉 자회사 〈국일그래핀〉이 8인치 PECVD 제조설비를 선보이는 그래핀 제조 기술 시연회에 〈구글〉 하드웨어 엔지니어 등이 참석했다는 기사가 나왔습니다.

그 이후부터 〈국일그래핀〉의 주가는 급등했고, 추가로 〈구글〉과 비밀유지 계약을 맺고 신소재 그래핀 관련 협업을 진행할 예정이라는 소식이 전해지자 〈국일제지〉의 주가는 1,000원에서 5,000원으로 수직 상승했습니다. 덕분에 그래핀 종목군들은 테마를 이루며 지금 주식시장에서 가장 핫한 테마주로 떠올랐습니다.

오늘 〈국일제지〉는 투자위험종목으로 지정되어 내일 하루 거래정지가 될 예정이라, 투자경고라는 훈장을 단 종목들은 시간외거래에서 대부분 하락했습니다.

연필심에 쓰여 우리에게 친숙한 흑연은 탄소들이 벌집 모양의 육각형 그물처럼 배열된 평면이 층으로 쌓여 있는 구조인데, 이 흑연의 한 층을 그래핀(Graphene)이라고 부릅니다. 그래핀은 연필심에 사용되는 흑연을 원료로 하는 신소재로 구리보다 100배, 실리콘보다 100배 빠르게 전류를 전달합니다. 또 강철보다 200배 이상의 강도를 지녔지만 휘어져도 물리적 특성을 잃지 않아 플렉시블 디스플레이를 구현할 수 있는 강력한 꿈의 후보 물질로 알려져 있습니다. 대단한 기술임에는 틀림없지만 기대감으로 주가가 이미 4배 정도 오른 터라 개인투자자들이 꼭지에서 매도하기는 쉽지 않아 보입니다.

1,000원대에 매수한 사람들은 조금 더 버텨볼 만하지만 이제부터는 지나친 욕심을 버리고 조금씩 이익을 실현하는 것이 좋을 듯싶습니다. 원래 주식시장이란 곳이 주가가 올라가면 전부 살려고 따라다니다가 막상 내리막길로 접어들면 못 팔아서 난리인 곳이니, 이 종목을 보유하고 있다면 고점에서 대량거래가 터지는 날 꼭 잘 매도하고 나오기를 바랍니다.

어제 〈오리엔트정공〉이 그래핀 관련 특징주로 나왔는데, 장중 고점 대비 많이 하락했기에 저점에서 조금만 줍줍해서 홀딩했습니다. 이후 시간외단일가에서 상승하더니 오늘도 갭 상승하며 출발하기에 대충 정리하고 어느 정도 손실을 만회했습니다. 덕분에 요즘 힘든 장세에 집 나간 멘탈이 다시 돌아오는 중입니다.

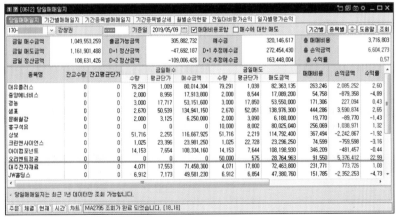

오리엔트정공 매매일지

국일제지 시황매매,
특급 호재성 재료로 수익을 내다

• 2019년 8월 5일 •

오늘의 매매일지

종목 ┃ 국일제지(078130)

이슈 ┃ 자회사가 미국특허 등록 승인 → 호재

흐름 ┃ 첫 번째 정적VI 발동 후 갭 상승으로 출발해 분할 매도

결론 ┃ 종합시황 창에 나오는 기사의 제목에 따라 스캘퍼들의 수급은 크게 달라지며, 제목에 '세계 최초', '암', '미국특허' 같은 단어가 들어가는 기사는 주가에 큰 영향을 미친다.

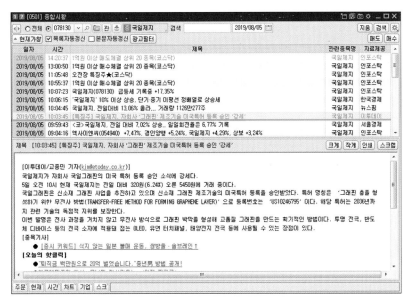

오늘은 장 시작 후 이것저것 매매하다가 조금씩 손실이 나던 중 오전 10시 3분에 특징주가 하나 나왔습니다. 요즘 그래핀 관련주들에 테마주 바람이 불어 〈국일제지〉 자회사에 대한 관심들이 많은데다, 기사 제목 자체가 "자회사가 미국특허 등록 승인"이었기 때문에 이 정도 재료면 특급 호재성 재료라고 판단했습니다.

종합시황 창에서 제목만 보고 순간적으로 3억원 가깝게 4번 정도 베팅해서 11억원 정도 주식을 매수했습니다. 1분도 안 되는 그 짧은 찰나에 거래량은 300만주 이상, 거래대금은 200억가량이 터졌습니다.

곧 첫 번째 정적VI가 발동됐고, 2분 30초쯤 정적VI가 끝나고 갭 상승으로 출발하기에 분할로 매도했습니다. 거래량이 이 정도로 터진 데는 스캘퍼들이 특징주 내용을 보고 대형 호재로 판단한 것도 한몫한 듯합니다.

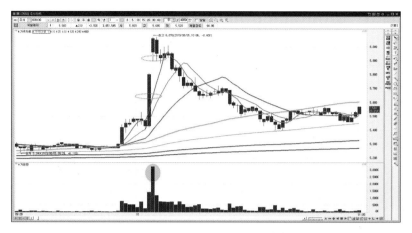

국일제지 특징주가 나온 후 1분봉차트

보통 종합시황 창에 나오는 기사 중 내용은 똑같아도 기자들이 기사 제목을 어떻게 붙이느냐에 따라서 스캘퍼들의 수급은 엄청나게 달라집니다. '세계 최초', '암', '미국특허' 등과 같은 단어가 들어가면 일단 매수부터 한 뒤 내용을 읽는 경우도 많습니다. 물론 시황매매는 여러 번 언급했듯이 가장 고수의 영역이고 초보자들은 큰 손실을 볼 수 있기 때문에 경험이 없다면 함부로 시도하지 않는 것이 좋습니다.

특징주가 나온 뒤 위쪽 창의 원 부분이 매수·매도 시점입니다. 물론 특징주 기사가 나오고 6,000원 이상까지 상승했지만 바닥에서 꼭지까지 다 먹을 수는 없으니, 분봉차트와 현재가 창의 흐름을 어느 정도 보고 빠른 판단으로 대응했습니다.

만약 2분 내에 20만주 가까이 매도하지 않았더라면 5,000만원 가까이 수익을 내기는 쉽지 않았을 것입니다.

이 글을 보고 '나도 시황매매를 한번 해볼까?' 하고 마음먹는다면, 투

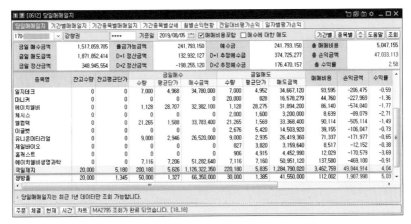

오전장에서 매매한 국일제지 매매일지

자 원금의 10% 이하로 최소 6개월에서 1년 정도 실전에서 꼭 연습해보고 베팅 금액을 늘리기 바랍니다.

국내 아프리카돼지열병 첫 발병, 테마주는 초반에 베팅하라

• 2019년 9월 17일 •

오늘 주식시장은 아프리카돼지열병이 우리나라에 처음으로 발생한 이슈로 인해 아프리카돼지열병 관련주가 무더기로 상한가로 출발하여 마감했습니다.

발병할 듯하다가 몇 달 동안 발병하지 않더니 결국은 터지고 말았네요. 아프리카돼지열병 발병 이슈는 오늘 저녁 9시 뉴스에서 톱을 장식하겠지만, 흥분한 나머지 내일 시초가에 무조건 매수하려 덤벼들어서는 안됩니다. 누구도 예상치 못하게 갑자기 발병한 것이라 이번 주 중반까지는 강세가 이어질 것으로 보이고, 추가로 발병하지 않으면 내일 정도까지는 강세를 유지하다가 잠시 조정세로 접어들 것 같습니다. 만약 파주에서 다른 지역으로 발병 범위가 퍼진다면 한 번 더 시세를 분출할 수도 있을 듯싶습니다.

오늘은 첫 발병이라 관련 종목 대부분이 상승했지만, 내일부터는 아주 강한 대장주 위주로 선별적으로 움직일 것이므로 상승폭이 작은 하위 종목들에는 이제부터 단타로만 대응해야 할 시점입니다.

오늘 대장주격인 〈이글벳〉과 〈체시스〉는 강한 점상한가라 매수하기 힘들었고, 〈백광소재〉의 경우 상한가에 매수주문을 했더라면 매수물량을 거의 잡을 수 있는 상황이었습니다. 오늘 매수가 안 되었다고 해서 내일 무조건 시초가에 아프리카돼지열병 관련주를 덜컥 매수하면 손실이 날 수도 있으니 조심해야 합니다.

〈이글벳〉 같은 대장주가 내일도 상한가로 출발한다면, 월요일에 매수한 투자자들은 내일 60% 정도 수익이 날 것이므로 고점에서 매도하고 싶은 심리가 강할 것입니다. 그러므로 절대 추격매수의 자리는 아니며, 이 종목을 보유하고 있다면 고점에서 분할로 조금씩 매도할 시점이지 신규로 매수하는 자리 또한 아니라고 생각합니다.

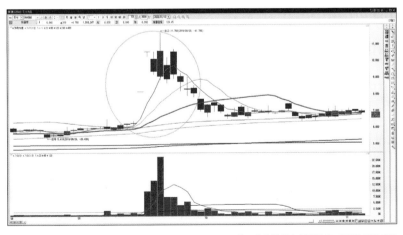

아프리카돼지열병 발병 후 이글벳 일봉차트

펜벤다졸의 항암효능,
기사만으로 관련주가 급등하다

• 2019년 10월 30일 •

오늘의 매매일지

종목 | 제일바이오(052670)

이슈 | 펜벤다졸 항암효과 상승 소식 → 호재

흐름 | 구충제에 항암효과가 있다는 기사로 인해 관련주가 시간외단일가
에서 상한가 진입

결론 | 특정한 것에 대한 선입견을 버리고, 호재성 기사가 나오면서 수급
이 좋다면 매매하는 것이 좋다.

어제는 시간외단일가에서 〈제일바이오〉가 상한가에 진입하고 〈알리코제약〉이 +9%로 상승 마감했는데도 멍하니 그냥 구경만 했습니다. 식품의약품안전처가 23일 강아지 구충제의 주성분인 펜벤다졸에 대해 "사람을 대상으로 효능·효과를 평가하는 임상시험을 하지 않은 물질"이라며 "사람에게는 안전성과 유효성이 전혀 입증되지 않았으므로 암 환자는 절대로 복용해선 안 된다."라고 발표했기 때문입니다.

'강아지 구충제를 절대 복용해서는 안 된다는 뉴스가 나왔는데도 왜 이 종목들이 상한가를 갈까?' 하고 그냥 궁금증만 느끼고 패스했는데, 말기 암을 앓고 있는 개그맨 김철민 씨가 펜벤다졸을 복용하면서 호전되고 있다는 기사가 어제 오후 장 마감 무렵 나왔다는 것을 뒤늦게 알았습니다.

시간외단일가에서 상한가에 진입한 종목들은 시초가가 너무 높아서 잘 매매하지 않는데 오늘은 왠지 수급이 엄청나게 강하다는 느낌을 받았습니다. 오전장에서 시초가가 출발한 이후 9시 7분부터 "개그맨 펜벤다

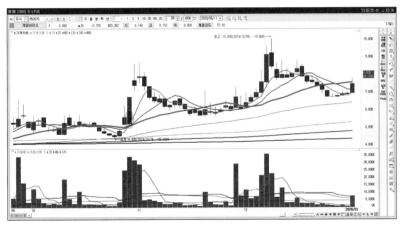

제일바이오 일봉차트(2019년 10월 30일)

졸 항암효과 상승 소식", "강아지 구충제 펜벤다졸로 암치료" 등 좋은 제목의 특징주가 쏟아져 나오기에 수급주로 매매를 했습니다.

보통 시간외단일가에서 상승한 종목은 먹튀(먹고 튐)가 많아서 항상 시초가를 시작하고 나서 장대음봉의 캔들이 발생하는 경우가 많은데, 〈제일바이오〉의 경우 5분 동안 당일 저점을 훼손하지 않고 횡보 중이어서 5,750원부터 5,850원 부근까지 계속 분할로 매수했습니다. 그리고 주가의 슈팅이 나오는 9시 10분부터 13분까지 분할로 매도했습니다.

스캘핑 선수들은 당일 저점을 이탈하면 보통 전부 매도하는데 〈제일바이오〉의 경우 시초가가 정적VI에 걸려서 9시 2분 이후에 시작했고, 9시 7분까지 횡보하면서 당일 저점을 지지했습니다. 당일 저점을 이탈하지 않는다는 것은 누군가 지지선에서 매수하고 있다는 뜻입니다. 몇 분의 시간조정 후 주가가 당일 고점 부근으로 조금씩 상승하면 또 누군가가 주가를 위로 끌어올릴 것입니다. 이렇듯 주식의 지지와 저항을 잘 생각해보면 주식매매가 그리 어려운 것은 아니라고 생각합니다.

돌파매매를 하는 투자자들 중 수급이 많이 붙으면서 위로 슈팅이 나오는 최고점에서 1%만 먹겠다고 덜컥 매수하는 사람들이 많은데, 고점에서 매수하면 무조건 물릴 가능성이 높고 매일 손실이 나게 됩니다. 이렇게 고점에서 매수하고 싶은 욕구를 참을 수 있어야 비로소 고수의 멘탈로 진입했다고 할 수 있겠지요. 주가에 슈팅이 나오는 이런 가격대에서는 매수가 아니라, 남들이 사러 올 때 매도 포지션을 취하는 것이 정답입니다.

대장주인 〈제일바이오〉가 상한가에 진입하지 못하니, 아무리 특징주가 나와도 후발주자들은 주가가 반짝 상승하다 그치고 매수세도 시간이 지날수록 조금씩 약해집니다.

직장인 투자자라면 장중에 시황매매 같은 것은 할 수 없을 것입니다. 하지만 시간외단일가에서 상승한 종목들이 왜 상승했는지 또 왜 상한가에 진입했는지 정도는 퇴근 후 꼭 분석해보고 다음 날을 대비해야 할 것입니다.

역배열 차트에서 초대형 거래량이 터지면 급등이 나올 수 있다

• 2020년 2월 10일 •

이번 달은 전반적으로 테마주의 인기가 조금씩 시들해지고 수익 내기도 만만치 않은 분위기입니다. 어느 쪽이든 연속성 있는 테마 장세가 연출되어야 개인투자자들이 조금씩이라도 수익을 낼 수 있을 듯한데, 장중 단타로만 시세가 끝나고 있어 요즘 같은 장세에서는 발 빠른 대응만이 살길입니다. 주식투자를 하면서 아주 중장기로 가지 않으면 대형주로 수익 내기는 사실 어렵습니다. 그래서 늘 개인투자자들은 주가의 급등락이 심한 테마주를 선호하게 되는 듯합니다.

　오늘 눈에 띄는 종목은 〈바른손〉과 〈바른손이앤에이〉라는 종목이었습니다. 오전 10시 미국 로스앤젤레스 돌비극장에서 제92회 아카데미 시상식이 개최되었는데, 봉준호 감독의 영화 '기생충'이 아카데미 시상식에서 작품상과 감독상, 각본상, 국제 장편영화상의 4관왕에 올랐다는 뉴스가 나왔습니다. 이로 인해 〈바른손이앤에이〉는 장중 1억 5,000만주라는 최대 거래량이 터지면서 급등락한 이후 장대양봉으로 마감했고 〈바른손〉은 1,300만주의 대량거래와 더불어 상한가로 마감했습니다. 최고의 시상식이고 순서상 거의 마지막 시상식이라 사실 재료는 소멸로 봐야하는 것이 맞지만, 워낙 큰 이슈가 되는 사안이라 저녁 9시 뉴스에서 대서특필할 것이 분명합니다. 내일 스캘퍼들이 붙어 또다시 대량거래가 발생한다면 일봉차트에서 5일 이동평균선을 이탈할 때까지 단기로 관심을 가져볼 만한 종목입니다.

〈바른손〉 일봉차트 ①번의 캔들을 보면 평소에 거래량이 10만주 정도인 종목이 240일, 480일 장기 이동평균선을 돌파하면서 기존 거래량의 130배인 1,300만주의 대량거래를 수반하여 돌파하는 시점입니다. 이렇게 말도 안 되는 폭발적인 대량거래로 장기 이동평균선을 돌파하는 차트가 나오면 속된 말로 '집 팔아서라도 매수해야 할 타이밍'임을 알아두기

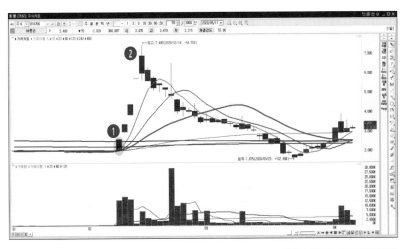

바른손 일봉차트(2020년 2월)

바랍니다. ②번에서 단기간에 주가가 200% 이상 상승했기 때문에 대량 거래가 발생하지는 않았지만, 저런 장대음봉 캔들이 발생하면 단기 고점으로 판단하고 매도로 대응해야 합니다.

주식시장에서 성공하기 위한 가장 큰 덕목 중 하나가 시장의 흐름을 보는 혜안(慧眼)입니다. 주식 초보자들은 종목 게시판에 올라오는 내용에 현혹되지 말고 스스로 재료를 판단할 수 있는 능력을 길러야 합니다. 그래야 이 시장에서도 우뚝 일어설 수 있습니다. 이러한 혜안은 오직 오랜 경험과 노하우에서 나오는 것이므로 성급하게 자기 혼자서 서두른다고 해서 생기는 것이 아닙니다.

오늘부터 여러분이 새롭게 있는 곳에서 여러분이 할 수 있는 긍정적인 생각으로, 좋은 사람과 좋은 책을 만나 멋지게 도전해서 좋은 기회를 잡아 보기 바랍니다.

코로나 19 확산으로
전 세계 주식과 파생상품이 폭락하다

• 2020년 3월 18일 •

오늘 새벽에 마감된 미국 증시에서 다우지수가 6.3%, 나스닥이 4.7% 국제유가가 24% 정도 또 폭락했습니다. 우리 시장 역시 어제 오후 나스닥 선물이 하한가로 곤두박질친 모습을 보고 장막판에 급락으로 마감했습니다. 어제 종가 무렵 미국 증시가 빠질 것으로 판단하고 지수가 미리 내려갔기 때문에 종합주가지수에 이미 선반영되었다고 보면 될 것이고, 새벽 5시에 끝난 야간 선물시장에서는 강보합세로 마감했습니다.

오늘 주식시장은 보합 부근이나 플러스로 출발할 가능성이 있을 듯합니다. 아침 7시부터 시작된 미국 나스닥 선물지수가 오전 8시 기준 급등락이 심한 상태로 +1% 상승으로 전환하고 있는데, 장전까지 지속적으로 모니터링해봐야 할 것 같네요.

주식에서 우리가 거래하는 〈삼성전자〉 등은 현물매매라고 합니다. 그리고 나스닥 선물, 크루드오일, 금선물 같은 것은 파생상품의 한 종류로 선매후물(선매매, 후물건 인수도)의 거래방식을 말하며, 상품이나 금융자산을 미리 결정된 가격으로 미래 일정 시점에 인도, 인수할 것을 약속하는 거래라고 볼 수 있습니다. 즉 증권시장에는 선물시장과 현물시장이 있다고 보면 됩니다.

선물이 하락하면 투자자들이 현물(주식)을 내다 팔아서 종합주가지수가 하락하고, 선물이 상승하면 투자자들이 현물(주식)을 매수해서 종합주가지수가 상승합니다.

지금은 어떤 말도 위로가 될 수 없을 만큼 주식투자하는 모든 사람이 괴롭고 힘든 시기입니다. 코로나 19로 인한 실물경기의 위축으로 인해 주가가 폭락할 것을 그 누가 예상했을까요? 지수의 바닥을 섣불리 단언하기는 힘들겠지만, 우리나라 코로나 19 확산 추세를 보면 거의 발생 20일을 기점으로 최고점을 찍고 서서히 하향추세로 전환되는 것을 볼 수 있습니다.

유럽에서는 상황이 가장 심각한 이탈리아에서 아직까지 환자가 급증하고 있지만 마스크 착용, 사회적 거리두기, 외출자제 등을 실천한다면 조만간 환자 수가 정점을 찍고 내려오지 않을까 싶기도 합니다.

현재 주식시장의 수급 측면에서 가장 큰 문제점은 외국인이 10일 연속 매도세를 멈추지 않는다는 것입니다.

코로나 19로 인해 단기 급락 추세였던 코스피 지수에서 2020년 3월 19일 장대음봉 캔들이 발생하고 2거래일 이후인 3월 23일에 도지 캔들 ①이 발생했습니다. 캔들이 5일 이동평균선을 이탈하고 저점을 잡는다는 것은 전문가라도 사실 어려운 일입니다. 하지만 하락 추세에서 발생

장구분	계인	외국인	기관계	금융투자	보험	투신	은행	기타금융	연기금등	사모펀드	기타법인
거래소	+85,811	-97,956	+2,070	-15,746	+1,482	-4,800	-790	-172	+25,106	-3,003	+9,799
코스닥	-311	-342	+574	+3,776	+271	-2,933	-104	-89	+221	-568	+36
선물	-9,944	+18,869	-6,656	+10,625	-6,487	-9,316	-1,794	-311	+627		-2,271
콜옵션	-278	+241	+128	+461	-1	-317	-13	+1			-92
풋옵션	+2,516	-2,653	-290	-245		-90	+46				+426
주식선물	-2,615	-1,475	+4,473	+3,202	+54	+121	+21		+1,075		-379

일자	계인	외국인	기관계	금융투자	보험	투신	은행	기타금융	연기금등	사모펀드	기타법인
2020/03/23	+9,200	-6,428	-3,611	-2,738	+115	-897	-65	-93	+645	-579	+816
2020/03/20	+2,003	-5,844	+3,116	-56	+579	+336	+65	-72	+1,950	+316	+713
2020/03/19	+2,421	-6,179	+2,898	+1,893	-163	-1,799	-295	-216	+3,797	-320	+830
2020/03/18	+9,136	-5,105	-5,145	-3,531	-86	-547	-4	-92	-470	-414	+1,066
2020/03/17	+6,010	-10,031	+3,502	+2,808	-314	-134	-53	-186	+1,819	-436	+518
2020/03/16	+9,263	-6,815	-3,465	-5,307	-115	+333	+31	+13	+2,227	-646	+989
2020/03/13	+4,463	-11,650	+5,848	-470	+587	+125	-139	-57	+5,730	+71	+1,317
2020/03/12	+5,388	-8,910	+2,756	+1,714	+199	-64	+116	+124	+342	+327	+746
2020/03/11	+10,886	-6,879	-4,838	-3,584	-71	-435	-29	+25	-313	-431	+787
2020/03/10	+3,114	-9,876	+6,113	+5,035	+380	-968	-238	+83	+1,816	+5	+669
2020/03/09	+12,799	-13,125	-463	-3,813	+211	-269	-159	+169	+3,933	-536	+739
2020/03/06	+7,915	-5,641	-2,625	-4,545	+248	-247	-12	+74	+2,239	-381	+347

외국인 매매현황(2020년 3월)

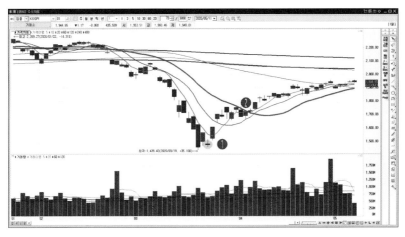

종합주가지수 일봉차트(2020년 3월)

하는 도지 캔들①은 추세 전환을 암시하기 때문에 이 시점에서부터 주식을 조금씩 매수해도 괜찮습니다. 5일 이동평균선이 확실하게 20일 이동평균선과 골든크로스를 이루는 ②도 매수 진입이 가능한 구간입니다.

위 차트에서 보듯이 천정권이나 바닥권에서 도지 캔들이 발생하는 시점

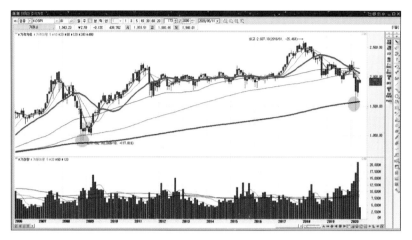

코스피 월봉차트

이 단기 고점 또는 단기 저점이 될 수 있다는 것을 공부해두기 바랍니다.

위 차트 왼쪽의 2008년 리먼 브러더스 사태 당시를 보면 마지노선이 240일선 부근임을 알 수 있는데, 현재 우리나라 코스피 지수가 월봉차트에서 240일선 부근에 근접했기 때문에 바닥권에 근접했다고 봐도 될 듯합니다.

주가가 단기간에 급락하고 이후 스톡론, 신용 담보 매도물량이 반대매매로 나오고 난 다음 추가로 한 번 정도 급락 파동이 나오면, 현금을 보유하고 있는 사람들은 주식 매수 타이밍이니 분할 매수로 대응하면 될 것입니다.

대통령의 진단키트 기업 방문 이후,
관련주 주가가 상승하다

• 2020년 3월 25일 •

문재인 대통령이 어제 〈씨젠〉을 방문한 데 이어 우리나라 진단키트의 전 세계 수출 성과가 속속 나오고 있는 가운데, 미국 트럼프 대통령의 코로나 관련 의료장비 요청으로 오늘 주식시장에서는 진단키트 관련주들이 강한 테마를 형성하고 있습니다.

어제와 오늘 진단키트 테마주들에서 슈팅이 나왔기 때문에 무리한 추격매수는 자제하는 것이 좋을 것 같습니다. 진단키트 관련주의 상승세는 조금 더 이어질 수 있겠지만, 테마주 여러 종목이 단체로 상한가 부근까지 올라가면 항상 조심해야 합니다.

〈씨젠〉 같은 종목은 장후시간외에서 매도세로 바뀌었다가 세력들이 매도물량을 찍어가서 다시 매수로 바뀌었습니다. 제 경험상으로 보면 상한가 따라잡기를 한 투자자들 대부분이 내일 아침 시초가가 갭 상승으로

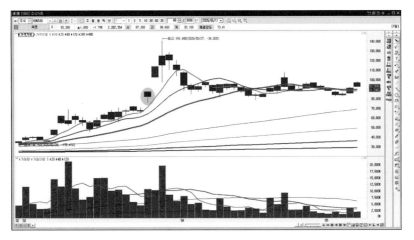

시작하면 매도하려고 마음먹고 있기 때문에 만약 시초가에 갭이 뜨지 않으면 실망 매물이 나올 것입니다. 그러면 강보합으로 시작해서 한번 하방으로 밀었다가 매도자의 물량 소화 후 거래를 터트리면서 주가를 밀어올려야 하지 않을까 싶기도 합니다. 진단키트 관련주들은 단기에 50% 이상 급등했기 때문에 내일쯤 고점에 매도하는 것이 좋을 듯합니다.

단기간에 수익을 내려면
신고가 패턴 종목에서 매매하라

• 2020년 6월 11일 •

주식투자로 1주일 이내에 승부를 보고 싶다면 신고가 부근에 있는 종목 위주로 단기에 공략하는 것이 좋습니다. 초보 투자자들은 신고가 영역으로 접어들면 겁을 먹고 빨리 매도하는 반면, 전문투자자들은 신고가 부근에서 적극적으로 매수하는데 이것이 큰 차이점이라고 할 수 있습니다.

52주 '신고가'는 1년 동안 기록한 주식의 가격 중 최고 가격을 의미하고, '신고가 영역'이란 주식을 보유한 모든 투자자들이 수익을 거두는 구간입니다. 기관투자자나 외국인 투자자가 조금만 매수해준다면 개인투자자들의 매수세가 급격히 몰려 슈팅이 나올 수 있는 구간이기도 합니다.

신고가 패턴은 다음 장의 〈카카오〉 차트처럼 시초가가 갭 상승으로 시작하는 것도 있고, 〈알테오젠〉 차트처럼 시초가가 보합 부근에서 시작해서 거래량을 터트리면서 서서히 밀어 올리는 것도 있습니다.

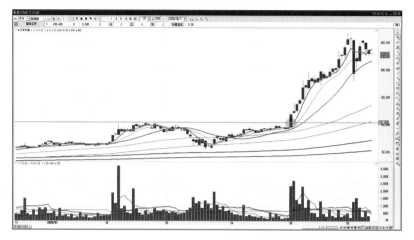

알테오젠 신고가 돌파 일봉차트(2020년 6월)

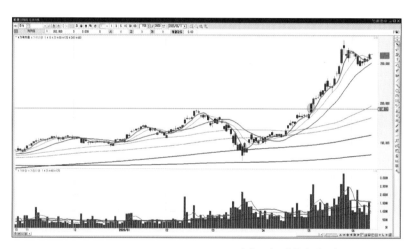

카카오 신고가 돌파 일봉차트(2020년 6월)

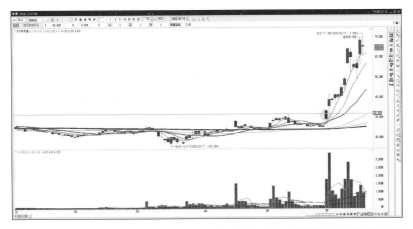

위 〈레고켐바이오〉 차트처럼 일봉차트에서 차트상 주가의 흐름이 단기, 중기 이동평균선이 정배열 상태로 상승세를 보이며 과거에 없었던 최고의 가격을 기록하면서 역사적 신고가 영역으로 진입한다고 가정해볼까요? 그러면 신고가 가격 돌파 시점에서 일부 물량을 매수하고, 신고가 가격을 돌파 후 눌림 자리가 발생할 때 분할 매수로 대응하면 될 것입니다. 단, 주가가 눌림 자리로 내려온다고 해도 신고가 돌파가격 부근에서는 지지가 되어야 한다는 것을 명심하세요.

신고가 돌파 후 주가의 흐름은 슈팅이 나오는 경우가 대부분이며, 일봉차트에서 10일 이동평균선이 꺾일 때 매도한다는 생각으로 홀딩하여 수익을 극대화하는 것이 중요합니다.

전기차 배터리 협력으로
관련주가 급등하다

• 2020년 5월 13일 •

오늘은 점심때쯤 삼성 이재용 부회장과 현대 정의선 수석 부회장이 전기차 배터리 협력을 위해 회동할 것이라는 기사가 나왔습니다. 스캘퍼라면 이 기사를 보고 포털사이트에서 전기차 배터리 관련주를 찾았을 것입니다. 오후 1시 30분에 〈삼진엘앤디〉라는 종목의 특징주 제목이 "삼성, 현대 전기차 배터리 동맹"으로 나와 강한 매수세를 유발하며 상한가로 안착했습니다.

테마주 중 한 종목이 상한가로 진입하면 연타석으로 기자들은 후속 특징주 기사를 씁니다. 증권사 종합시황 창에 기사를 올리는 매체들 중 어떤 매체에서든 특징주로 등장해 상한가로 안착하면 후속 기사들이 쏟아져 나옵니다. 오늘은 〈에코프로비엠〉을 비롯해 〈삼성SDI〉, 〈코스모신소재〉, 〈코스모화학〉, 〈상신이디피〉 등 전기차 배터리 관련주들이 초강세

삼진엘앤디 종합시황 창 기사

삼진엘앤디 상한가 현재가 화면

이재용 - 정의선 첫 '단독 회동' … 전기차 배터리 협력 논의

삼성전자 이재용 부회장과 현대차그룹 정의선 수석부회장이 전기차 배터리 사업 협력을 위해 직접 만났습니다. 이 부회장과 정 수석부회장은 오늘 삼성SDI 천안사업장에서 만나 차세대 전기차용 배터리인 전고체 배터리 기술과 개발 현황에 대해 의견을 나눴습니다. 재계를 대표하는 두 총수가 사업 목적으로 따로 만나는 것은 이번이 처음입니다. 현대차 측은 이번 방문이 차세대 배터리 기술 방향성에 대한 의견을 교환하는 차원에서 이뤄졌다고 설명했습니다. 삼성 이재용 부회장은 지난 7일 대국민 사과 이후 처음으로 현장경영 행보에 나섰습니다.

YTN 기사 발췌, 2020-05-13

를 보였습니다.

주식시장에서 스캘핑으로 수익을 내려면 그날 시장에서 어떤 뉴스가 이슈화되는지를 빨리 캐치하는 능력이 필요합니다. 텔레그램이나 미스리 메신저를 통해서 그런 찌라시를 돌리는 사람들과 연결되면 현재 시장에 어떤 뉴스가 돌고 있는지 알 수 있습니다.

주의할 것은 찌라시를 돌리는 사람들이 대부분 1차 매수를 해두고서 돌리기 때문에, 가격이 오른 분차트에서 무조건 찌라시만 믿고 매매하면 100% 손실을 볼 수도 있다는 점입니다. 따라서 찌라시를 받으면 항상 눌림목에서 매수하는 습관이 중요합니다.

키움증권 사용자들은 실시간 종목 조회 순위(0198 화면)에서 1위부터

10위권 내의 종목들이 당일 이슈가 되는 종목들이니, 이런 종목 위주로 단기매매를 하는 것이 좋습니다.

코스닥 시장에서 테마주 움직임이 활발해야 개인투자자들이 수익을 낼 수 있는 확률이 높아집니다. 대형주로 수익을 내려면 중장기 투자로 가야 하지만, 코스닥 테마주의 경우에는 같은 재료라도 짧은 시간 내 순식간에 상승하기 때문에 스캘퍼들이 주로 많이 매매합니다. 단발성 테마의 재료들은 당일 고점에서 정리하고, 상한가에 안착한 대장주를 제외하고는 장중에 슈팅이 나오면 꼭 고점에서 매도하기 바랍니다.

장 마감이 임박하는 오후 3시가 넘어가면 2등주나 3등주는 시세가 고점을 찍고 많이 내려가니 오후 3시 이전에 정리하는 것이 좋습니다.

씨젠, 기관투자자 1개월 매수 기간조정 후 최대 실적으로 다시 상한가를 치다

• 2020년 5월 15일 •

〈씨젠〉은 2020년 3월 27일 단기 고점을 찍고 조정세로 진입한 후 1개월 반 정도 기간조정을 받고, 다시 2020년 5월 8일 일봉차트에서 20일선 위로 캔들이 골든크로스를 이룬 종목입니다. 이 종목은 기관투자자들이 4월에 지속적으로 순매수한 종목으로, 이틀 전인 5월 13일 장 마감 후 코로나 19로 인한 1분기 최대 실적(영업이익 397.54억)을 발표한 후 다음 날 대량거래와 함께 장중 급상승하고 3시 20분 동시호가에서 상한가에 진입했습니다.

어제 장 마감 이후 한 개인이 2.34%인 61만 5,157주, 약 700억원 이상의 금액을 매수하여 단일계좌 거래량 상위종목으로 지정되었고, 오늘 투자주의종목으로 지정되었습니다. 이런 투자주의종목 지정은 특정 계좌에서 상장 주식수의 2% 이상을 장내에서 매수할 경우 지정하는 제도

씨젠 투자자별 매매동향(2020년 4~5월)

입니다. 보통 투자주의종목으로 지정되면 당일 미수 거래가 제한됩니다. 오늘 장전시간외 거래에서는 매수세가 들어와 있었는데, 한 사람이 많이 매수하는 것을 보고 불안함을 느낀 투자자들의 물량인지 8시 30분 장전 시간외거래가 시작되자 매도물량이 30만주 정도 쏟아지면서 바로 매도 세로 돌변했습니다.

장전시간외에서 매수세였다가 매도세로 바뀌면 해당 주식 보유자의 심리는 어떨까요? 이럴 때 일반 투자자들은 시초가가 마이너스로 출발할 것이라는 생각을 가지게 됩니다.

전날 상한가에 진입한 종목의 시초가가 갭 상승으로 출발하지 않으면, 상따(상한가 따라잡기)한 투자자들이나 성격 급한 스캘퍼들은 거의 시초가에 매도합니다. 오늘 〈씨젠〉의 시초가는 +0.39% 갭 상승으로 출발했고 불안함을 느낀 대부분의 투자자들이 거의 시초가에 매도한 다음, 또 다른 세력들이 시초가부터 매집하면서 곧바로 5분 정도 급상승하며 당일 고점을 찍었습니다.

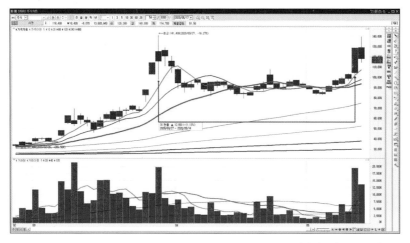

씨젠 일봉차트(2020년 5월)

주식투자를 하다 보면 전날 상한가에 진입하더라도 다음 날 시초가가 갭 상승으로 출발하지 않는 경우도 가끔 있습니다. 이런 경우는 매매기법보다는 사람의 심리를 잘 읽어야 합니다. '과연 내가 이 주식을 상한가 따라잡기로 매수해 홀딩했다면 시초가에 어떻게 대처했을까?'와 같은 식으로 보유자의 심리를 잘 판단해야 합니다.

'내가 〈씨젠〉이라는 주식을 1만주 이상 보유하고 있었다면 매도하지 않고 버틸 수 있었을까?'

위와 같은 생각을 한번 해보기 바랍니다. 여기에서 핵심은 동시호가 체결이 임박해 오는 8시 59분쯤 예상체결호가가 +5% 이상으로 있다가, 계속 예상체결호가가 밀리면서 보합 부근까지 급격하게 내려오면 종목을 보유한 투자자 대부분이 시초가에 매도하게 된다는 것입니다. 시초가에 악성 매물들이 거의 쏟아져 나오고 난 이후 매도세의 호가가 많이 약해진 것을 볼 수 있을 것입니다. 결국 매도하고자 하는 충동을 느끼는 투

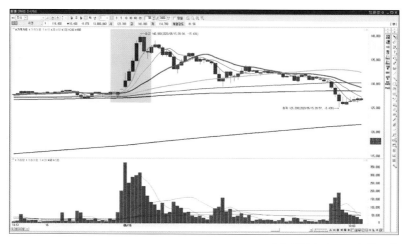

씨젠 1분봉차트(2020년 5월 15일)

자자들은 거의 시초가 부근에서 매도했다가, 주가가 플러스로 상승하면 또다시 매수에 가담할 것입니다. 시초가에서 물량을 받은 세력들이 잠시 시간조정을 한 이후 9시 30분 이전에 시세를 꼭 한 번 주고 다시 내려오는 패턴들이 많습니다.

전일 상한가에 진입하고 아침에 갭 상승으로 출발하지 않으면 이런 패턴들이 자주 나타납니다. 따라서 심리적인 부분을 꼭 기억해 두었다가 남들이 겁먹고 시초가 부근에서 매도할 때나 세력들이 시초가로 시작해서 급격하게 주가를 하락시킬 때, 저점에서 어느 정도 매수하고 기다리면 잠시 시간조정을 한 후 플러스로 시세를 꼭 한 번 주고 내려온다는 것을 기억해두기 바랍니다.

권말부록

M.T.S로 수익 내는
직장인 주식투자법

인스타그램 ID: @shooting_star_6230

1. Mind:
수익보다 리스크 최소화에 집중!

안녕하세요, 강창권 스승님의 명품 4기 제자 슈팅스타입니다. 주식 초보자인 제가 얼마 전 스승님과 우연한 기회에 만남을 가졌습니다.

스승님께서 하시는 말씀이 "내 제자 중에서 MTS로 너처럼 수익 내는 친구는 보지 못했다. 직장생활을 하면서 스마트폰으로 매매하기가 쉽지 않을 텐데 어떻게 그렇게 매매를 잘하는 것이냐?"라고 질문하셔서, "운이 좋았습니다. 시장이 가져다준 수익에 감사하고 있습니다."라고 답을 드렸습니다.

석 달 정도 시간이 흐르고 다시 한번 스승님을 만났습니다. 같은 질문을 스승님께 또다시 받았고, 처음 질문을 받은 때로부터 석 달이 흐른 지금 비로소 저는 질문에 대한 답을 드릴 수 있었습니다. 석 달이라는 시간이 걸린 이유는 짧게 설명할 수 있는 내용도 아닐뿐더러, 그 시간 동안 제

매매 시스템을 검증해야 했기 때문입니다.

스승님의 물음에 대해 제가 드린 답은 크게 다음 세 가지였습니다.

① 확고한 투자 마인드(Mind)에 입각하여
② 반복적으로 훈련(Training)하고
③ 확실한 시스템(System)에 기반한 덕분에 꾸준한 수익 창출이 가능
했다.

왜 서점에는 MTS 관련 서적이 없을까?

저는 평범한 직장인이자 '자투리 시간'을 활용해 주식투자를 하는 개인투자자입니다. 이 책을 읽는 대부분의 독자분들도 직장상사의 눈치를 보며 회사에 다니거나, 혹은 생업을 이어가면서 자투리 시간을 활용해 틈새매매를 하실 거라고 생각합니다.

눈치 보면서 매매하기도 쉽지 않을뿐더러 현실적으로 HTS를 이용하지 못하는 여건이지만, 우리에게는 스마트폰이라는 훌륭한 도구가 있습니다. 그리고 증권사 MTS 프로그램 다운로드 및 비대면 계좌 개설을 활용하면 장소와 시간의 제약 없이 주식투자를 할 수 있습니다.

이 책만 읽으면 스마트폰으로도 충분히 수익을 낼 수 있다?
누구나 쉽게 MTS로 수익 창출이 가능하다?

정말일까요? 당연히 아닙니다! 혹시라도 그런 생각을 가졌다면 이 글을 읽지 마십시오. 저는 시중에 나와 있는 주식책을 대부분 읽었습니다 (물론 다 읽었다는 말은 아닙니다). 지금도 시중에 나오는 주식 관련 신간 서적은 모두 사서 목차를 보고 필요한 부분은 취하고, 쓸모없는 부분은 넘깁니다. 주식 관련 책들을 보면서 한 가지 놀랐던 점은 MTS로 거래하며 수익을 내는 내용을 다룬 책이 시중에 한 권도 없다는 것이었습니다.

주위를 둘러보세요. 옆자리 김 대리, 뒷자리 이 과장, 안방의 최 부장…. 대부분이 재테크 수단으로 소소하게 주식투자를 하고 있습니다. 그중에는 스마트폰으로 매매하는 사람들도 많습니다. 이렇게 MTS로 거래하는 주식인구가 많음에도 불구하고 MTS 매매에 대해 다룬 책을 찾아보니 거의 전무한 상황이었습니다. 'MTS 주식거래를 다룬 책이 한권 있다면 좋을 텐데….' 하고 생각하던 와중에 스승님께서 제게 먼저 제안하셨습니다.

"슈팅아, 네가 폰으로 수익을 잘 내고 있으니 MTS로 수익 내는 내용을 한번 같이 다뤄보자."

스승님의 제안을 받고 저는 고민에 빠졌습니다. '과연 할 수 있을까? 일반 개인 개미투자자인 내가 글을? 독자들에게 실질적인 도움을 줄 수 있을까?' 고민에 고민을 거듭한 후 저는 마음먹었습니다. '최대한 내가 알고 있는 노하우를 써보자!' 조금이라도 도움이 될 만한 부분을 임팩트 있게 쓰기 위해 퇴근 후 당일 실제 매매를 복기했고, 저만의 기법과 노하우를 되돌아보았습니다. 그 결과 M(Mind), T(Training), S(System)라는 키워드를 뽑아낼 수 있었습니다.

그래서 하고 싶은 이야기가 무엇인가?

이 부록의 집필 의도는 스마트폰 MTS 프로그램을 이용하여 리스크는 최대한 줄이고 안정적인 수익을 내는 것입니다. MTS 매매를 하면서 원칙으로 정한 기법을 통해 빠르게 종목을 선정한 후, MTS 자동 프로그램으로 리스크를 관리하여 손실을 최소화하면서 시간 대비 얻은 수익을 단단히 지킬 수 있는 방법을 지금부터 소개하겠습니다.

제가 처음 주식을 접한 건 3년 전 여름입니다. 주식투자에 막연한 관심을 가지고 있던 저는 저축만으로는 '노후 준비'가 녹록하지 않다고 생각했습니다. 은행의 예·적금 이자도 1~2% 사이에 머무는데다, 이자에 붙는 세금까지 차감하면 정말 제가 가져가는 돈은 얼마 되지 않았습니다.

이런 생각들이 투자에 대한 공부로 이어졌고, 여러 가지 재테크 수단 중에서도 주식에 관심을 가지게 되었습니다. 주식을 공부하려고 책을 샀지만, 기본 지식이 전혀 없다 보니 이내 덮어버리고 생업에 전념하게 되었습니다. 사실 처음에 샀던 책은 제목조차 기억나지 않습니다. 그렇게 시간만 흘려보내다가 SNS에서 우연히 지금의 스승님을 만나게 되었습니다.

검색하다가 우연히 만난 스승님의 인스타그램 피드는 충격 그 자체였습니다. 크게 수익 난 결과 창을 찍은 캡처 화면들에 웬만한 사람의 1년 연봉이 수익금으로 찍혀 있었기 때문입니다. 저는 '과연 이게 가능한 일일까?'라는 의구심을 갖게 되었습니다.

이후 2019년 9월 스승님의 강의를 들으면서 MTS로 거래하는 방법 및 주식 전반에 대한 지식을 습득했습니다. 제 단타 및 스캘핑 실력이 급상승한 건 스승님과 만난 이후부터였습니다. 저는 '스승님의 수업에서 배운 지식과 MTS를 활용해 제대로 된 원칙 아래 거래한다면, 안정적인 수익을 낼 수 있겠구나!' 하고 느끼게 되었습니다.

전 사실 HTS로 주식을 매매할 수 없는 상황입니다. 직장인이기 때문이죠. 폰으로 매매하는 것도 업무 시작 전인 오전 이른 시간 및 점심시간, 그밖에는 자투리 시간뿐입니다. 모르는 게 많아서 인터넷과 유튜브를 뒤져 MTS의 각 기능들을 숙지했습니다. 주식 1주를 사고파는 것, 장전·장후 시간외거래 등 '직장인으로서 꼭 필요한 기능들은 반드시 숙지하자.'라는 생각으로 퇴근 후 주식공부를 시작했습니다.

저와 같은 직장인 투자자인 독자들도 이 책을 읽고, 간단하지만 확고한 원칙 아래 작지만 안정적으로 꾸준히 수익을 낼 수 있었으면 합니다. 이제부터 제가 실전에서 매일 폰으로 매매하는 환경, 차트 설정, 매수 및 매도 타점 등을 여과없이 임팩트 있게 기술하겠습니다. 쓸모없는 전문용어 설명 및 실전에 필요 없는 차트 설명은 모두 배제했습니다.

여기에 실은 캡처 화면들은 실제 제가 매매했던 종목 및 관심 종목의 타점, 지지선 등을 나타낸 것입니다. 가급적 많이 넣고 싶었지만, 제한된 지면을 고려하여 중요 포인트를 담은 부분만 발췌해서 실었습니다. 이 내용을 기반으로 꾸준히 훈련하면 실전에서 바로 적용할 수 있을 것입니다.

2. Training:
종목 선정에서부터 매도까지, 반복적인
훈련이 빠른 판단으로 이어진다

이번 장에서는 제가 실전에서 사용하는 종목 선정, 차트 설정, 매수 타점, 보조지표를 활용하는 방법을 간단하지만 임팩트 있게 정리해 보겠습니다. 이 부록은 직장인 투자자의 단타를 위한 실전용이니, 바로 본론으로 들어가겠습니다.

❶ 종목 선정

통상 투자자들의 가장 큰 고민은 종목 선정일 것입니다. 퇴근 후 지친 몸을 이끌고 집에 오면 웬만한 각오 없이는 공부하기가 쉽지 않습니다. 자녀가 있다면 육아도 해야 하고요.

철저히 단타에 대해서만 말하자면 종목 분석은 크게 중요치 않습니다. 그 이유는 간단합니다. 우리가 매수할 종목은 당일 수급이 몰리는 종목(이를 주식시장에서는 흔히 주도주라고 합니다)이고, 그중에서도 대장주만을 선택해 매수 후 일정 구간 목표 수익 달성 시 매도해 수익을 지키는 거래만을 할 것이기 때문입니다,

그렇다면 "종목이 2,000여개가 넘는 주식시장에서 대장주를 어떻게 선정할 것인가?"라는 의문이 들 것입니다. 지금부터 이에 대한 답을 드리겠습니다.

참고로 제가 사용하는 MTS는 '키움 영웅문S'이며, 많은 개인투자자들이 이 플랫폼을 사용하는 것으로 알고 있습니다. 향후 설명할 모든 내용은 키움증권 영웅문S를 기준으로 합니다. 거래에 필요한 차트 설정 등은 상세히 설명할 것이나, MTS의 기술적인 문제 등은 키움증권 고객센터로 안내받는 편이 더욱 빠를 겁니다.

MTS 키움분석 안에 해답이 있다

❶ [주식] → [키움 분석] → [실시간 조회 순위]

먼저 조회 간격을 30초로 세팅하고 1위부터 20위까지 종목을 빠르게 눈으로 훑어봅니다. 시장 상황 및 차트에 대해 꾸준히 공부하는 사람이라면 전일 공부한 종목이 여기에서 보일 수도 있습니다. 종목들을 대략 눈에 익힙니다.

한 가지 팁은 화면에 조회된 내용과 실시간 사이에 30초의 시간차가 있기 때문에, 오전 이른 시간 이후에 거래하면 자칫 고점에서 매수할 수 있으니 오전장 초반에 이용해야 한다는 것입니다.

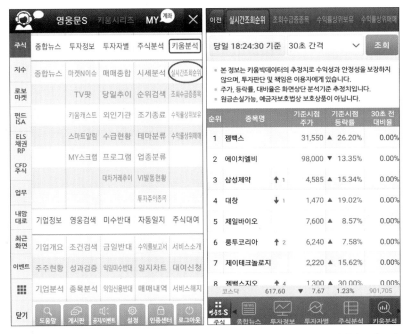

[주식] → [키움 분석] → [실시간 조회 순위]

실시간 조회를 한 다음 재빠르게 다음 화면을 조회합니다.

❷ [주식] → [주식분석] → [순위검색] → [당일거래 상위]

가격은 속일 수 있지만 거래량은 속일 수 없습니다. 다음 장에 나오는 화면은 코스닥, 당일거래 상위로 조회한 화면입니다. 전체 시장으로 조회해도 되지만, 저는 오전 일찍 매수하고 업무를 시작해야 하기에 조금은 가볍고 변동폭이 큰 코스닥 시장 위주로 접근합니다. 오전장에 당일 대장주 종목을 파악하려면, 앞서 소개한 실시간 조회 순위 화면과 거래대금 상위 종목의 교집합 종목을 찾으면 됩니다. 이런 종목은 당일 대장주

[주식] → [주식분석] → [순위검색] → [당일거래 상위]

(주도주)가 될 확률이 가장 높습니다.

3분 이내에 종목을 선정한다

이 두 과정을 거쳐 즉각적으로 3종목 정도 관심 종목으로 등록해서 큰 욕심 없이 대응해도 몇 분 사이에 2~3% 정도는 쉽게 수익을 실현할 수 있습니다.

앞의 두 과정을 통해 재빠르게 종목을 클릭한 후 관심 종목에 등록합니다. 몇 번만 훈련하면 이 작업은 1~2분 내로도 충분히 가능합니다. 이제 관심 종목 등록 후 할 일을 알아보겠습니다.

등록 종목의 일봉차트를 열어봅니다. 일봉차트의 모습이 대략적으로 ❶우상향인지, ❷당일 갭 상승이 너무 크게(10% 이상) 나오지는 않았는지 확인합니다. 아무리 수급이 몰리는 주도주라고 하더라도 일봉상 차트 흐름이 우하향이거나 이동평균선들의 모습이 역배열인 종목은 배제하는 것이 좋습니다.

또한, 갭 상승이 10% 이상으로 크게 뜨면 웬만하면 매수를 권하지 않습니다. 그 이유는 전날 종가 매수자들이 장 시초 갭 상승에 힘입어 수익을 실현함에 따라 가격이 하락하면서 호가창이 밀리기 때문입니다. 이 경우 매수하자마자 로스컷 손절매가 되는 놀라운 경험을 하게 될 수도 있습니다.

이렇게 크게 갭 상승한 종목들에 접근할 때는 이후 다룰 SS320 전략을 사용하면 되니 무리하게 시초에 진입해 손실을 입는 일이 없기를 바랍니다.

❷ 차트 설정

여기서는 MTS 차트 세팅에 대해 소개하겠습니다. 주식매매에서 가장 큰 기준이 되는 것이 차트이고, 그 차트 내의 캔들과 이동평균선, 거래량이 가장 큰 핵심 포인트입니다. 그 외 본인에게 맞는 보조지표 등을 사용하면 매수 혹은 매도 타이밍을 잡을 수 있습니다.

캔들이 잘 보여야 매수 타점이 정밀해진다

주식을 잘하려면 차트를 잘 봐야 한다는 것은 모두가 아는 사실입니다.

하지만 투자자들이 세팅한 차트를 보면 대부분 온갖 보조지표들이 난무할 뿐 정작 중요한 캔들은 보이지 않습니다. 즉, 차트에서 제일 중요한 것이 캔들임에도 불구하고 각종 보조지표들에 캔들이 거의 묻히는 사례가 무척 흔합니다.

많은 분들이 제게 스마트폰으로 차트를 어떻게 세팅하느냐고 물어서 실제로 보여드리기도 하고 인스타그램 DM 등으로 가르쳐드리기도 하는데, 그럴 때마다 돌아오는 반응은 한결같습니다.

"정말 이렇게 거래하세요?"

"혹시 비기가 따로 있나요?"

아뇨. 비기 그런 거 전혀 없습니다. 제 포지션은 직장인이기에 눈치 보면서 짧은 시간에 매수하고, 그다음은 구축해둔 시스템에 맡겨놓고 본업무를 봅니다. 제가 구축한 시스템에 대해서는 3장 System에서 말씀드리겠습니다.

차트는 간단하고 직관적으로 세팅해야 하며, 무엇보다 캔들이 잘 보여야 합니다. 이동평균선이 캔들의 어디를 관통하는지 알아야 싸게 사서 비싸게 팔 수 있는 지점을 조금이라도 정밀하게 찾을 수 있고, 손절매 시에 조금이라도 덜 잃을 수 있습니다. 통상 이동평균선이 캔들을 지지, 관통 및 양봉의 고가 부분을 살짝 터치하는 모습을 보면 이후 흐름을 예측할 수 있습니다. 이런 이유로 캔들은 무조건 잘 보여야 한다고 생각합니다.

또한, MTS는 HTS보다 화면이 작아 시인성이 좋지 않으므로, 빠른 판단이 필요한 단타나 스캘핑 거래를 할 때 캔들을 관통하는 이동평균선들이 조금이라도 명확하게 보여야 합니다. 캔들에 색상이 가득 차 있으면 이동평균선이 캔들의 어느 부분을 지지하는지, 캔들 몸통의 어느 부분을 통과하는지 등을 면밀히 볼 수 없지요. 그래서 저는 차트를 볼 때 캔들의 색상을 제외하고 봅니다.

지금부터 입문자들을 위해 차트의 캔들 색상을 비우는 방법을 알려드리겠습니다. 차트 화면에서 우측 상단을 보면 톱니바퀴가 보입니다. 누르면 위에 탭이 뜨는데 그중에서 차트유형을 누르면 아래 화면처럼 양봉/음봉 밑에 '봉 색상 채우기 없음'이라는 메뉴가 있습니다. 이 항목을 누르면 차트의 봉 색상이 공란처럼 비게 됩니다. 처음에는 낯설게 느낄 수도 있지만, 조금만 익숙해지면 차트 보기가 훨씬 편할 것입니다.

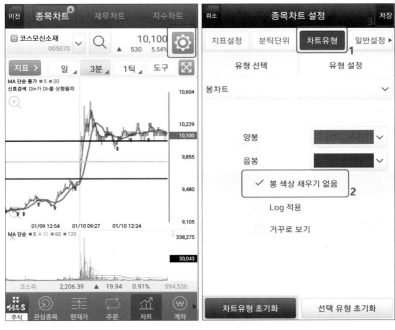

[종목차트] → 우측 상단 [톱니바퀴] → [차트유형]

필수 라인 3종 세트

캔들의 봉을 비웠다면, 이제 매수 및 매도 타점 등을 위해 설정해야 할 3가지 라인을 알아봅니다. 첫째는 전일 고가라인, 둘째는 피봇 1차 저항, 셋째는 피봇 2차 저항입니다.

MTS상 설정 방법은 다음과 같습니다. 종목차트 설정으로 들어가서 도구설정에서 전일/당일 탭의 고가에 체크하고, 이후 Pivot/Demark 탭으로 옮긴 후 각각 1차 저항, 2차 저항에 체크하면 됩니다.

❶ 전일 고가라인

당일 주도주는 당연히 전일 고가라인을 깨면 안 됩니다.

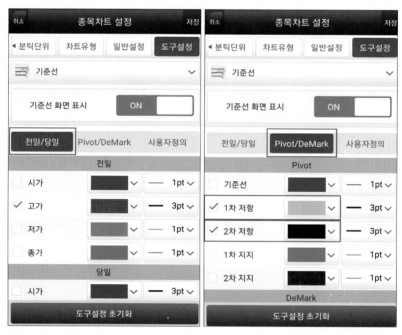

전일 고가라인 설정 및 피봇 설정 화면

전일 종가 기준 하락으로 마감했다면 장 초반 당일 시가가 전일 고가보다 밑에서 시작할 수도 있겠지만, 이 경우 반드시 돌파해야 할 첫 지점은 전일 고가입니다.

주도주는 대부분 전날 상승 흐름으로 종가를 마감하므로, 당일 주도주의 상승 패턴을 보면 이미 전일 고가라인 위에서 가격을 형성하고 있을 가능성이 매우 큽니다. 이 선이 갖는 의미는 당일 시가가 전일 고가 밑에서 시작했고, 고가를 뚫은 이후 만약 흘러내리더라도 최종적으로 지지하는 선이라고 볼 수 있습니다. 그 외의 경우, 즉 이미 당일 시가가 전일 고가 한참 위에 형성되어 있다면 크게 신경 쓰지 않아도 됩니다.

❷ 피봇 1차 저항

말 그대로 1차 저항선입니다. 당일 주도주의 캔들 시가가 이 선 밑에서 형성되어 시작했다면 최초로 뚫어야 할 저항선입니다.

거래량을 동반하며 상승하는 종목은 대체로 쉽게 이 선을 뚫지만, 반드시 기억해야 할 것은 이 선 역시 저항선이라는 것입니다. 형성되는 캔들이 이 선에서 머뭇거린다면 잘 관찰해야 하며, 흘러내릴 것 같은 형성을 보인다면 재빠르게 수익 실현 또는 약손절매하고 빠져나와야 합니다.

주가가 상승해서 이 선을 돌파하면 이 선은 저항선이 아닌 지지선으로 바뀝니다. 즉, 이익 실현 및 손절매선의 기준이 되는 지지선으로 보면 됩니다. 이렇듯 최초 저항으로 작용한 선들은 캔들이 상승 흐름을 타고 이 선들을 돌파할 경우 지지선으로 변모한다는 사실을 숙지하길 바랍니다.

❸ 피봇 2차 저항

피봇 2차 저항선은 단타 거래 시 강하게 작용하는 저항선입니다. 통상 당일 급등주들도 이 선 근처로 오면 저항을 받아 조정받을 가능성이 큽니다. 저는 주가가 전일 고가 돌파 → 피봇 1차 저항 돌파 → 피봇 2차 저항 근처에 오면 1차로 분할 매도를 합니다. 매우 강하게 상승하는 종목이라면 이 저항선도 가볍게 뚫겠지만, 거래 경험상 보통 이 라인에서 저항을 받는 경우가 많기 때문입니다.

이후 조정 횡보하다가 이 선을 강하게 뚫고 거래량이 감소하면서 캔들이 꺾이면, 전량 매도 포지션을 잡고 수익을 실현합니다.

❹ 이동평균선(520)

제가 단타 거래에서 주로 쓰는 이동평균선은 두 가지입니다. 스윙 거래에서는 5일선부터 480일선까지 큰 흐름을 보기 위해 모두 사용하지만, 단타 거래에서는 5분선과 20분선 두 가지만 씁니다.

5분선과 20분선만 사용하는 이유는 거래 경험상 10분선에서의 지지는 미미한 경우가 많고, 단기적 단타 관점에서는 60분선 지지까지 주가가 하락해야 시세가 꺾였다고 보기 때문입니다.

스마트폰으로 볼 때 이동평균선 및 보조지표가 너무 많으면, 빠른 판단 아래 매수와 매도를 해야 하는 단타 투자자에게는 단점으로 작용한다고 생각합니다.

차트 설정 방법대로 설정을 다 마치면 다음과 같은 차트가 나타납니다. 5분 이동평균선은 분홍색이고, 20분 이동평균선은 노란색입니다. 그리고 검정색 선은 피봇 2차 저항선, 빨간색 선은 전일 고가, 마지막으로

필수 라인 3종 세트와 이동평균선

연한 하늘색 선은 피봇 1차 저항선입니다. 그 외에 신호를 두 가지 정도 더 설정합니다.

- DI+ 가 DI-를 상향 돌파(매수 시 참조)
- 이격도 과열(매도 시 참조)

이 두 가지에 대해선 뒤에서 다시 설명하겠습니다.

❸ 매수 타점

시초가 급등주 공략

❶ 돌파의 조건

당일 주도주 및 급등주의 돌파매매 조건은 매우 간단합니다. 하지만 이를 숙달시켜 수익으로 연결하려면 소액(1주)으로 매수하여 수백번 연습해야 합니다. 아울러 특정 지점의 가격을 뚫는다고 해서 돌파가 아니란 것을 알아야 하며, 돌파 후 반드시 특정 가격대에서 지지점을 형성하는 것을 보고 매수에 임해야 합니다.

지금부터 실전에 필요한 돌파 조건의 핵심을 알려드리겠습니다.

가장 먼저 해야 할 일은 종목 선정입니다. 차트가 일봉상 반드시 우상향해야 하며 일봉 기준 5일선, 20일선, 60일선이 정배열 구조인 종목을 선정합니다.

일봉차트를 통해 종목을 선정한 이후에는 바로 1분봉이나 3분봉 차트를 봐야 합니다. 오전 9시부터 조금 시간 여유가 있다면 처음에는 1분봉에 대응하며 캔들이 형성되는 모양을 지켜봅니다. 1분봉에서 가장 핵심 포인트는 3분 동안 1분봉 캔들이 3개가 생긴다는 것입니다. 양양양, 양음양, 양음음, 음양음, 음음양 등등 중에서 적어도 3개의 캔들 중 2개는 양봉인 종목을 관심종목으로 등록합니다.

이후 3분이 지나면 3분봉차트로 전환합니다. 이 3분봉차트의 첫 캔들을 기준봉으로 삼고 진입 타점을 설정합니다. 그런데 이렇게 말하면 "왜 3분이나 기다려야 하나? 난 시초부터 사서 조금 더 수익을 크게 가져가고 싶은데."라고 하는 독자가 분명히 있을 겁니다. 물론 전날 종목에 대한 확실한 분석과 장 시작 전 장전 시간외거래 등에서 상승하는 움직임을 등을 보고 장 시작 후 바로 주식을 살 수도 있습니다.

하지만 장 초반에는 1분봉에서 속임수 급상승이 많이 나옵니다. 단 1~2분 사이에 급등 후 폭락하는 경우도 발생하기 때문에, 최소한 3분봉 캔들 하나는 보고 들어가야 시초에 바로 매수하는 것보다 성공할 확률을 높일 수 있습니다.

아울러 처음 훈련할 때는 1분봉보다는 시간적으로 조금 더 여유로운 3분봉으로 훈련하기를 권합니다. 3분봉으로 대응해야 하는 가장 큰 이유는 3분 동안 최소 3개 이상의 종목을 선정해 관심종목으로 등록하고, 그 종목의 일봉차트와 분봉차트를 관찰해 당일 매수 종목과 주도주를 정확히 파악해야 하기 때문입니다.

다시 본론으로 돌아와서 3분이 흐르면 3분봉차트에 하나의 양봉 캔들이 표현됩니다. 이전까지 1분봉 캔들을 보고 있었더라도 장 시작 후 3분이 지나면 그때부터 1분봉은 보지 말고 3분봉으로 대응합니다.

여기서부터가 중요합니다. 첫 3분봉의 양봉 캔들이 완성된 후 만들어지는 캔들의 모습을 보면서 매수 타점을 잡습니다. 첫 캔들의 몸통을 대략 삼등분합니다. 그리고 양봉 캔들의 종가 부분에서부터 종가 아래 1/3지점 또는 1/2지점까지를 매수 타점으로 잡습니다. 이때 캔들에서 꼬리는 제외하고 몸통을 기준으로 잡는 것을 추천합니다. 캔들에 길게 달려 있는 위꼬리는 그 가격대에 물려 있는 사람들을 표현한 것이며, 강한 저항으로 여겨야 합니다. 그렇기에 진입 타점 설정 시 위꼬리는 제외하고 양봉 캔들의 종가 부분부터 아래로 1/3지점 또는 1/2지점을 매수 타점으로 잡습니다.

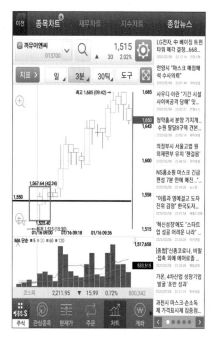

매수 타점

위 종목은 당일 급상승이 나와 장 초반에 실시간 조회 상위에 오른 종목입니다. 첫 캔들의 시가는 1,545원이고, 종가는 1,555원이며 중간값은 1,550원입니다. 1/2지점을 매수 타점으로 잡습니다. 앞 장에서 설명한 방법대로 당일 주도주를 먼저 관심종목으로 등록한 이후 그 종목들의 첫 캔들을 관찰합니다. 그리고 3분봉상 첫 캔들을 기준으로 잡고, 그 캔들 몸통의 중심선 또는 양봉의 종가 기준 1/3지점에 선을 긋고 이 선을 기준으로 매수를 준비하면 됩니다.

매수할 때는 두 번째 봉이 만들어질 때부터 중심선 근처 아래위로 분할 매수하면 됩니다. 한 번에 시장가로 매수하지 말고 캔들 몸통의 중심선 및 종가 기준 1/3선을 기준으로 두세 번 정도 나누어서 분할 매수할 것을 권합니다. 저는 현재 가격 기준 보통가로 매수를 걸고 현재가 위로 한 호가, 아래로 한 호가, 현재가로 분할해서 매수주문을 넣어둡니다.

간혹 주가가 급상승해서 현재가 바로 위 호가 주문만 체결되고 아래 호가로 걸어둔 주문은 체결되지 않는 경우가 있습니다. 이 경우 추격매수를 하기보다는 체결된 비중만 관리하며 이후 흐름을 보면서 수익을 실현하는 것이 옳습니다. 추격매수로 평단가가 올라가면서 계속 상승하면 좋겠지만, 급락하기라도 하면 그동안 얻은 수익까지 반납하면서 손실이 더욱 커지기 때문입니다.

손절매 가격은 본인이 정한 규칙 범위 내에서 정하면 되지만, 저 같은 경우는 앞의 차트로 예를 들면 두 번째 캔들이 첫 캔들의 시가 이하로 하락 시 즉각 손절매에 대비합니다.

분할 매수와 분할 매도, 물타기와 불타기에는 엄연한 차이가 있습니다. 그 차이는 계획성입니다. 애초에 자신이 진입할 종목에 대한 거래량과 시가총액, 유통주식수 등을 감안해 몇 번에 걸쳐 매수 타점 아래위로 분할로 매수할 것인지, 매수 후 수익을 얻고 있다면 어느 부분을 이탈할 때 분할로 매도할 것인지 등에 대해 계획하는 것이 분할 매수와 분할 매도입니다. 계획성 없이 감정적으로 매수하거나 매도했을 때 운이 좋으면 큰 수익을 얻을 수 있지만, 생각한 것과 반대로 움직일 경우 돌이킬 수 없는 손실을 볼 수 있습니다.

이 책을 읽는 독자들도 자신의 시드머니에서 한 종목을 얼마나 매수할 것인지, 일정 가격이 올 때 몇 번에 걸쳐 매수할 것인지를 매수 전에 꼼꼼히 챙기는 투자자가 되었으면 하는 바람입니다.

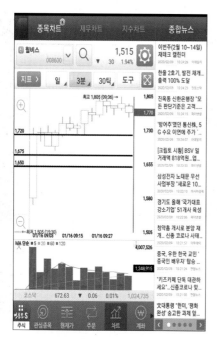

매수 타점

매수 타점 차트를 하나 더 보겠습니다.

위 종목 역시 당일 오전 급상승하며 시장을 이끌었던 주도주 중 하나입니다. 역시 거래가 터진 첫 3분봉을 기준으로 잡고 중심과 종가 부분 기준에서 하단으로 1/3 지점에 선을 그었습니다. 이후 두 번째 캔들이 첫 캔들의 종가를 돌파할 때를 매수 타점으로 볼 수 있습니다. 이 경우 돌파 후 첫 캔들의 종가가 깨질 경우 짧게 손절매선을 가져갈 수 있습니다.

1,675원 부근에 있는 선이 첫 캔들 종가 기준 몸통의 1/3지점입니다. 통상 저는 이 부분부터 매수 타점으로 봅니다. 즉, 1,675원 부분부터 첫 캔들의 종가인 1,720원 구간을 매수 진입 타점으로 봅니다. 이 경우 두

번째 캔들 종가 기준으로 첫 캔들 몸통의 1/3지점인 1,675원을 깨뜨리는 곳을 손절매선으로 잡습니다.

손절매에 대해 조금 여유가 있는 분들은 첫 캔들의 중심값인 1,650원부터 첫 캔들의 종가인 1,720원까지를 매수 타점으로 잡을 수 있습니다. 이 경우 손절선이 두 번째 캔들 종가 기준으로 첫 캔들의 1/2지점인 1,650원을 깨뜨릴 때 손절매로 처리합니다. 매수 타점을 나타낸 앞의 두 차트는 매수 진입 타점을 명확히 하기 위해 이동평균선과 보조지표를 모두 지운 상태입니다.

아래 차트는 제가 거래 시 이용하는 이동평균선과 신호검색을 나타낸 것입니다. MTS로도 간단한 신호검색이 가능합니다.

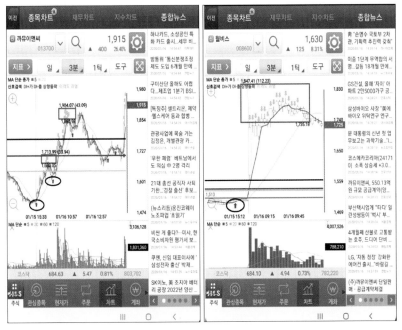

이동평균선   신호검색

[지표 설정] → [신호검색] → [DI+가 DI-를 상향돌파할 때] (매수)

[지표 설정] → [신호검색] → [이격도 과열] (매도)

참고로 신호검색에서는 HTS상의 설정을 불러올 수 없으며, MTS에서는 주어진 메뉴에 국한해서 신호설정을 사용할 수 있습니다. 앞 차트는 실제 제 스마트폰 화면이며 실제 거래 시에도 동일한 세팅으로 거래하고 있습니다. 전일 고가라인, 피봇 1차 저항, 2차 저항, 이동평균선 5선과 20선 그리고 아직 소개하지 않은 신호검색 2개입니다.

바로 이어서 신호검색 설정 및 활용방법을 자세히 알아보겠습니다.

신호검색 설정은 간단합니다. 아래 차트 화면에서 좌측 상단의 지표

신호검색 설정

를 클릭한 후 신호검색 탭을 클릭합니다. 이후 '이격도 과열'과 'DI+가 DI-를 상향돌파'를 체크하면 차트에 화살표가 나타납니다. DI+가 DI-보다 큰 국면은 상승추세를 나타냅니다.

저는 앞서 나온 일봉상의 우상향 흐름과 분봉상의 매수 기준에 부합하는 차트에다 이 신호설정까지 뜨면 분할로 매수를 진행합니다.

이격도 과열이란 주가이동평균선과 주가의 거리에 대한 비율을 이용해 상승장에서는 25일 이동평균선인 경우 106% 이상이면 과열, 75일 이동평균선인 경우 110% 이상이면 과열, 하락장에서는 25일 이동평균선인 경우 102% 이상이면 과열, 75일 이동평균선인 경우 104% 이상이면 과열을 나타내는 신호검색입니다. 간단하게 설명하면 이격도 과열 시 강한 매도 타점이 됩니다.

힘이 매우 강한 종목들은 이런 신호가 발생함에도 불구하고 계속 상승하는 경우가 종종 있습니다. 하지만 확률로 볼 때 이격도가 과열되면 매도 신호로 보고 분할 매도를 진행하는 것이 현명하다고 생각합니다.

주식 파동의 흐름은 수렴하면 발산하고 발산하면 다시 수렴하기 때문에 이동평균선과 캔들의 흐름이 과하게 발산되면 그 흐름이 하락으로 전환될 때 매도하는 것이 좋습니다. 이격도 과열은 그 타이밍을 쉽게 알려주는 보조지표입니다.

통상 저는 종목당 하루에 두 번 정도 거래합니다. 시초에 단타 거래를 한 번 하고, 9시 30분에서 10시 30분이 되기 전 시간적 여유가 된다면 한 번 더 매수합니다.

당일 급등주는 3분봉상 20분선에서 한 번 더 시세를 주는 경우가 많습니다. 이를 1분봉차트에 적용하면 60분선이 될 것이고 5분봉상으로는 12분선이 될 것입니다. 보통 단타 거래를 하는 투자자들은 1분봉 또는 3분봉을 많이 봅니다. 1분봉은 캔들의 등락 편차도 심하고 자칫 속임수 하락으로 인해 손절매해야 할 수도 있는데다 추세매매로 이어가기가 쉽지 않아서, 저는 단타 거래를 할 때 3분봉차트를 주로 씁니다. 일반적인 종목보다 당일 주도주처럼 거래량이 강하게 동반한 종목, 시초 첫 시세 이후 눌림 조정이 나오는 종목이 대상입니다.

당일 주도주 중 특정 지점에서 2차 상승이 나오는 곳을 공략하는 이 기법을 저는 SS320이라고 부릅니다. SS320의 조건은 크게 다음과 같습니다.

첫째, 일봉상 우상향(정배열) 차트를 그리는 종목
둘째, 당일 오전 9시 30분 이전 최소 12% 이상 상승한 종목
셋째, 3분봉 캔들이 20분선과 처음 만나는 지점에서 1회에 한해 매수

첫 번째 조건은 간단합니다. 일봉차트를 간단히 살펴보면 확인이 가능할 거라고 생각합니다. 두 번째 조건도 앞에서 배웠던 실시간 조회 대상 종목 및 거래대금 상승 종목일 경우 통상 12% 상승했던 종목을 관심 종목에 등록하는 것은 어렵지 않습니다.

세 번째 조건이 앞으로 차트를 통해 자세히 설명할 부분입니다. 3분봉 차트상 캔들이 20분선과 최초로 접할 때 1회에 한해서 매수해야 합니다.

옆의 차트는 〈대우부품〉의 3분봉차트인데, 빨간색 박스가 세 번째 조건에 해당하는 부분입니다. 5분선 눌림이 나오면서 3분봉상 캔들들이

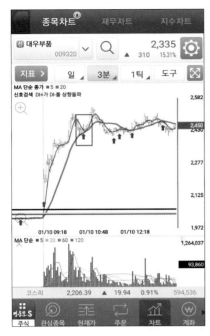

대우부품 3분봉차트

20분선에 처음으로 접하는 모습을 보입니다. 이후 주가는 한 번 더 상승 시세를 주고 다시 내려옵니다. 꼭 이 기법이 아니더라도 통상 이동평균선 간의 이격이 좁혀지는 곳에서 힘이 응축되면서 거래량을 동반할 때 슈팅이 자주 나옵니다.

다음 종목도 한번 볼까요?

이 종목은 〈키이스트〉라는 종목입니다. 역시 당일 급상승한 이후 첫 시세를 주고 눌림이 나오다가 3분봉 캔들과 5분선과 20분선이 처음 맞닿은 곳에서 2차 시세가 분출하고 있습니다. 이러한 흐름은 지속적인 관찰 결과 확인한 것이며, 오랜 기간 단타 거래를 한 투자자라면 아는 내용일 것입니다.

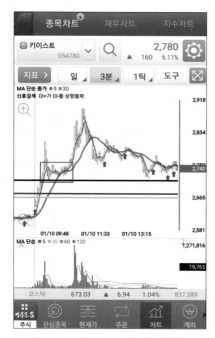

키이스트 3분봉차트

차트상으로 볼 때 5분선, 20분선이 이격을 좁혀 만나는 접점이자 캔들이 두 개의 이동평균선을 지지하고 있는데, 이 자리가 상승 탄력이 나오는 매수 타점입니다.

두 개의 차트를 더 살펴보겠습니다.

이 종목은 〈유라테크〉라는 종목입니다. 화면을 몇 개 보니 이해가 좀 되시나요? 이 종목 역시 장 초반 급상승한 이후 소폭의 조정국면 다음, 3분봉상 5분선이 20분선과 맞닿으며 캔들이 20분선과 접하는 곳에서 2차 상승이 나오고 있습니다.

이렇게 상승 탄력이 매우 큰 매수 타점에서 매수한다면 손절매도 합리적으로 생각할 수 있습니다. 두 이동평균선이 만나는 접점에서 캔들이 종

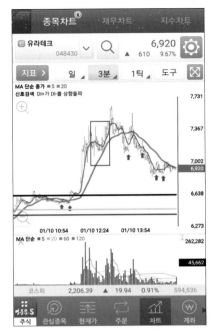

유라테크 3분봉차트

가 기준으로 두 이동평균선을 이탈하면 바로 손절매하는 것이 현명합니다. 손절매의 본질은 더 나은 미래를 위한 투자입니다. 지금 당장 10을 잃는 것으로 끝날 것을, 미련을 끊지 못하면 100을 잃고 끝날 수도 있습니다.

다음 종목은 〈SK바이오랜드〉라는 종목입니다. 이 종목 역시 장초반 급상승이 나오고 소폭의 조정을 거쳐, 5분선과 20분선의 이격이 좁아지는 지점에서 캔들이 20분선과 처음 만나며 2차 상승이 시작됨을 알 수 있습니다.

지금까지 화면들을 통해 살펴본 것처럼 확실한 매수 기준을 세우고 제가 알려드린 지점에서 매수해야 손절매선은 짧게, 수익 구간은 길게 가져갈 수 있습니다. 다만 유의해야 할 점은 3분봉상 캔들이 20분선과 처

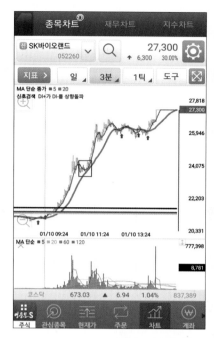

SK바이오랜드 3분봉차트

음 접할 때 시세를 분출할 확률이 가장 높다는 것입니다. 이후 다시 접할 때는 처음처럼 시세를 내기가 쉽지 않습니다. 또한, 이 기법은 거래량이 충분히 터진 당일 주도주에 한정해 적용해야 합니다. 거래량이 없는 종목들은 저 지점에서 바로 흘러내리는 경우가 많기 때문입니다.

❹ 매도 타점

매도 타점은 생각보다 간단합니다. 통상 이동평균선으로 매도 타점을 잡을 때는 캔들의 하락과 더불어 단기 이동평균선 3선 또는 5선이 꺾일 때 매도하거나, 조금 더 손절매선이 크다면 20선까지 대응하면 됩니다.

문제는 1분봉차트로 거래할 때 생깁니다. 1분봉으로 대응하면 속임수 하락에 속기 쉽습니다. 주가가 하루 동안 상승하는 과정에서는 상승, 하락의 잔파동이 수백 번 생깁니다.

전업투자자들은 이러한 잔파동에 일일이 대응하며 거래할 수 있습니다. 하지만 저 같은 직장인은 오전에 잠시 틈새매매를 해야 하므로 최소한 3분봉으로 대응해야 상승 흐름에서 추세를 탈 수 있으며, 속임수 하락에 당하지 않고 매도 타점을 잡아 수익을 극대화할 수 있습니다.

저는 단타 거래 시 5선과 20선만 사용하며, 매수 타점을 저점에서 잡으면 20선을 깨기 전까지는 기다리는 편입니다. 저점에서 잡지 못했다면 조금이라도 수익을 극대화하기 위해 5선을 손절선으로 잡고 거래합니다.

여기에 더해 앞서 언급한 이격도 과열의 신호검색을 사용합니다. 하지만 이격도 과열 역시 보조지표일 뿐입니다. MTS로 거래하는 입장에서는 보다 직관적인 신호검색이 필요합니다. 이격도 과열이 뜨면 대체로 그 구간을 지키지 못하고 하락하는 경우가 다반사입니다.

주식은 철저히 확률이며 통계에 근거합니다. 다만 확률과 통계라는 것에 100%가 없기 때문에 예상과 반대로 움직일 경우 반드시 대응해야 하며, 조금이라도 확률이 높은 지점에서 매도하는 것이 현명하다고 생각합니다.

다음 장에 나오는 종목은 〈바이오톡스텍〉입니다. 전일 고가, 1차와 2차 피봇 저항선을 강하게 뚫고 이동평균선과 이격을 크게 벌리면서 시세가 급상승(급상승한 캔들=첫 번째 캔들)했습니다. 이후 두 번째 캔들을 보면 급격하게 하락해 단기 이동평균 5선을 잠시 깨고 다시 반등했습니다.

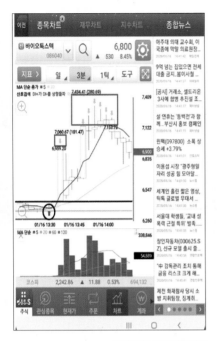

바이오톡스텍 3분봉차트

그리고 세 번째, 네 번째 캔들이 일정 가격을 유지한 후에 5번째 캔들에서 다시 5선을 강하게 뚫으며 상승했습니다.

결과론적 이야기이긴 하지만 이미 첫 번째 장대양봉에서 이격과열 신호가 떴으므로, 이때 매도하고 5번째 눌림 반등 시 다시 매수했다면 몇 분사 이에 큰 수익을 얻을 수 있었을 것입니다. 핵심은 이격도 과열이 떴을 때 매도하면 적어도 추후 급하락해 수익을 반납하는 경우는 생기지 않으니, 이로 인해 멘탈이 붕괴되는 일을 미연에 방지할 수 있다는 것입니다.

다음 종목은 〈윌비스〉입니다. 이 종목 역시 장 초반 급상승해 이격도 과열 신호가 상당히 많이 떠 있습니다. 과열 구간에서 분할 매도할 것을 권하며, 특히 긴 위꼬리가 달린 음봉 발생 시 즉각적으로 매도해 수익을

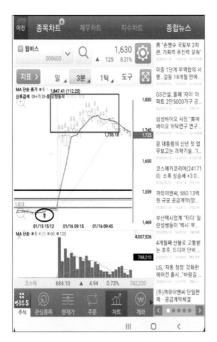

윌비스 3분봉차트

실현하길 바랍니다.

위꼬리 캔들은 뒤늦게 추격 매수한 사람들이 물려 있는 자리인 동시에, 세력이 물량을 한 번에 매도하면서 발생하는 캔들입니다. 세력이 이처럼 주가를 하락시킨 것은 겁먹은 투자자들의 투매 물량을 저가에 매수하기 위한 것이므로, 곧바로 주가를 상승시킬 이유가 없습니다. 급하게 가격을 하락시킨 후 시간조정을 길게 가져간 다음에는 다시 상승시킬 가능성이 있지만, 우리는 단타를 해야 하는 입장이기에 수익이 나면 그때부터는 꾸준히 분할 매도를 준비해야 합니다.

3. System:
자동 System을 통해 안전마진을 확보하고, 추세 이익 극대화 방안을 마련한다

단타에 필수인 안전 시스템: 자동감시주문

자동감시주문은 흔히 로스컷(LOSS-CUT, 손절매)이라고 부르는 기능입니다. 인스타그램 DM으로 가장 많이 받는 질문 중 하나가 장 초 급등주에 단타로 진입하고서 로스컷을 걸려고 해도 이미 장 초반의 급등락으로 인해 자신이 생각한 손실률보다 크게 손실이 나있거나, 원하는 손실률로 지정하려고 해도 가격 변동이 매우 심해 로스컷이 걸리지 않을 때는 어떻게 해야 하느냐는 것입니다.

그런 질문만 100건 넘게 받으면서 '투자자들이 로스컷을 알기는 아는데 핵심 기능은 모르는구나!'라고 확신했습니다. 저는 모든 종목의 매수 전에 로스컷을 겁니다.

"그게 가능한가요?"

네, 물론 가능합니다. 통상 종목을 매수해야 그 종목에 대해 손실, 보존, 수익 실현을 설정할 수 있죠? "매수 전에 어떻게 걸어요?"라고 반문한다면 대다수가 초보 투자자일 겁니다.

주식투자에서 가장 중요한 점은 무엇일까요?

첫째도, 둘째도, 셋째도, 리스크 관리입니다.

수익은 리스크 관리를 바탕으로 본인 공부를 통한 지식 확장 및 경험으로 자연스럽게 따라오는 것입니다. 리스크 관리가 되지 않는다면, 100만원이든 1,000만원이든 1억이든 소중한 시드 머니가 한 달도 안 되어 반 토막 나는 놀라운 경험을 하게 될 겁니다.

지금부터 로스컷 기능에 대해 알려드리겠습니다. 먼저 주식 카테고리의 주문으로 들어갑니다.

❶ [주문] ➡ [자동감시주문]

자동감시주문은 매수 전 선제적으로 리스크를 관리하기 위한 방법이며, 투자에서 가장 중요한 시스템입니다. 주식투자 자체에 리스크가 있는 것은 모두 아실 테죠. 시장의 급변동 상황에 즉각 대처할 수 없는 직장인이라면 자동감시주문 기능은 필수이니 정확한 사용방법을 알아두어야 합니다.

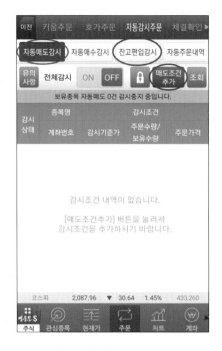

❷ [자동매도감시] → [잔고편입감시] → [매도조건추가]

통상 대다수의 주식 초보 투자자들이 종목 매수 후 좌측 상단의 자동매도감시 버튼을 누르고, 잔고편입감시와 매도조건추가를 눌러 종목별 손실, 이익보존, 수익실현 수치를 입력할 겁니다. 그러는 사이 자신이 매수한 종목에 슈팅이 나와서 큰 수익이 나면 좋겠지만, 반대로 저 기능을 설정할 동안 급락이 나온다면, 생각만 해도 아찔한 상황이죠.

예를 들어 내가 감내할 수 있는 손실률은 종목당 2%인데, 설정하는 동안 4%, 5% 손실이 난다면 이후 멘탈이 흔들려 매매를 잘할 수 있을까요? 아침의 첫 거래가 크게 꼬이면 이후 당일 거래에서 만회하기가 쉽지 않습니다. 심리적으로 쫓기기 때문입니다.

❸ [적용대상] → [원하는 항목 세팅]

당일 매매에 대한 리스크를 최소화하기 위해서, 또 심리적으로 쫓기지 않기 위해서라도 자동감시주문은 반드시 필요하다고 다시 한번 강조합니다. 순서대로 세팅하면 다음과 같은 화면이 나올 것입니다. 여기에서 적용 대상의 모든 종목을 누르면 크게 4가지로 분류됩니다.

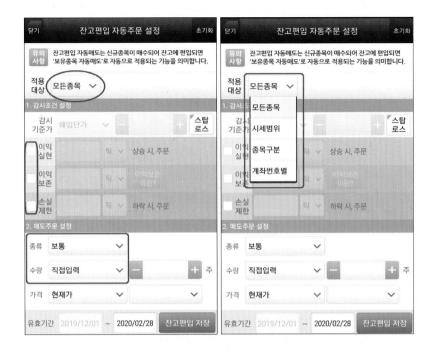

1) 모든 종목

2) 시세범위

3) 종목구분

4) 계좌번호별

❹ [매도주문설정] → [종류, 수량]

지금부터 설명할 매도주문설정은 매우 중요합니다. 화면 하단에 보면 매도주문설정이 있습니다. 종류를 누르면 보통가, 시장가 등등 여러 가격 형태의 주문이 나오는데 통상 우리가 자주 쓰는 가격은 보통가 혹은 시장가입니다.

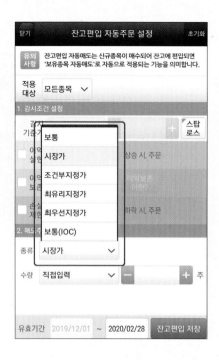

간혹 스탑로스를 설정했는데 그 설정 가격 이하로 폭락 중인데도 불구하고 본인이 설정한 물량 전체가 매도되지 않는 경우가 있습니다. 이는 정해 놓은 가격에 들어온 매수, 매도 물량이 일치하지 않아 발생하는 현상입니다. 예를 들면 내가 가진 물량은 100이고 특정 가격에 매도를 걸어뒀는데, 시세가 급락하면서 실제 내가 설정한 가격에 사려는 매수대기자가 원하는 물량이 10일 경우 90은 안 팔립니다.

그래서 우리 같은 직장인들은 반드시 시장가로 걸어두어야 합니다. 시장가로 걸면 폭락하더라도 한두 호가는 손해 볼지언정 모든 물량이 매도되기 때문에 더 큰 손실을 막을 수 있습니다.

가격을 설정했다면 이제 수량을 지정할 수 있습니다. 손실, 이익보존,

이익실현 등 각 항목에 지정한 수치에 도달했을 때 매도할 수 있는 물량을 지정하는 거죠. 예를 들어 내가 주식 100주를 가지고 있는데 매도 설정 수량을 50%로 설정했다면 손실, 이익보존, 이익실현 각 항목의 수치에 도달했을 때 50주만 매도됩니다. 이후 50주는 수동으로 매도해야 합니다. 저는 통상 100%로 설정합니다(계속 스마트폰을 들여다볼 수 있는 여유가 없기 때문입니다). 잔여 수량을 남겨두고 거래하면 잔고편입감시가 실행된 이후, 남은 수량에 대해서는 자동매도감시(로스컷) 항목으로 들어가서 개별적으로 설정해야 하는 번거로움이 있습니다.

이 부분(부분 매도 시 잔여 수량에 대한 스마트한 매도 방법)에 대한 해법을 찾으려고 노력 중이지만, 현재까지는 잔여 수량에 대한 자동매도는 불가능한 것으로 알고 있습니다.

이런 점들이 업데이트를 통해 개선되었으면 하는 바람입니다.

추세를 이어 수익을 극대화하는 시스템: 트레일링 시스템

트레일링 스탑 감시는 상승하는 시세를 추적해 이익의 극대화 또는 손실의 최소화를 추구하는 시스템입니다. 현재 가격이 상승하는 것을 추적해 고점을 갱신하고, 하락할 때 미리 설정한 고가 대비 하락 감시가격으로 주문이 실행되는 것을 말합니다. 설정하는 경로는 자동감시주문과 유사합니다.

잔고편입 자동감시주문과 같은 경로로 들어갑니다. 우측 상단의 스탑로스를 누르면 트레일링 시스템 화면으로 전환됩니다.

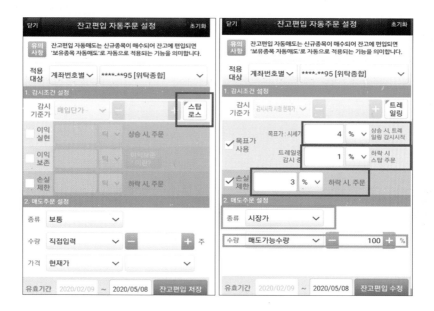

트레일링 스탑 감시 역시 자동감시주문과 설정 방법이 유사합니다. 계좌번호별, 종목별로 설정할 수 있으며, 매도주문설정에서 가격 종류 및 수량을 입력하는 방식도 유사합니다.

위의 화면을 예로 설명하면, 원금 100만원으로 투자했으며 104만원(4% 설정)부터 트레일링 스탑 감시가 시작됩니다. 매수한 종목은 장중 15%까지 고점을 찍고 이후 하락해 10% 상승으로 마감되었습니다. 이 경우 114만원에 매도됩니다. 물론 전량 매도되게 하기 위해 시장가로 걸어뒀으니 가격의 차이는 발생할 수 있습니다. 즉, 트레일링 스탑 감시는 설정한 목표가를 돌파하는 시점부터 적용되며, 현재 가격이 상승하는 것을 추적하여 고점을 갱신하고 하락할 때 미리 설정한 고가 대비 하락 감시가격으로 주문이 실행됩니다. 이 기능을 잘 활용한다면 당일 주도주의 상승 추세를 이용해 수익을 극대화할 수 있습니다.

이전 **일별실현손익** 종목실현손익	불공정내역	MY자산 ▶
안내 ****-**19 [위탁종합] ∨ ●●●●●●●		조회
조회기간 ● 2019/07/01 ~		2019/12/31
총매수	2,864,796,647	총매도	2,881,338,166
수수료	861,600	세금합	7,202,852
실현손익	52,058,549	총수익률	+1.85%

2019년 하반기 단타 계좌 실현수익

이전 **일별실현손익** 종목실현손익	불공정내역	MY자산 ▶
안내 ****-**68 [위탁종합] ∨ ●●●●●●●		조회
조회기간 ● 2019/07/01 ~		2019/10/31
총매수	1,619,581,774	총매도	1,574,192,127
수수료	478,860	세금합	3,935,099
실현손익	20,353,115	총수익률	+1.31%

2019년 하반기 스윙 계좌 실현수익

주식 초보자를 위한
Q&A

인스타그램으로 가장 많이 왔던 질문에 대한 답변입니다. 직장인이다 보니 늦게나마 답변을 드리긴 했지만, 부족한 점들이 있어서 다시 정리해 드리고자 합니다.

질문을 주신 분들은 현재 주식투자를 직접 하고 계신 분들이며, 공통적인 질문들에 대해 제 개인적인 견해로 답해 드렸던 내용입니다.

Q1. 주식 계좌관리는 어떻게 하시나요?

흔히 말하는 몰빵 투자는 절대로 하지 않습니다. 주식계좌에 현금 비중을 항상 20% 이상으로 둡니다. 현금 역시 하나의 종목에 투자하는 것으로 생각하는 것이 좋습니다. 이는 주식투자 시 언제 어떤 변수가 생길지 모르기에 대비하는 자산으로 생각해야 합니다.

통상 복리 개념을 좋아하는 분들은 수익이 나면 즉시 원금과 수익을 합해 재투자를 합니다. 복리를 좋아하는 분들뿐 아니라, 대부분의 투자 입문자들이 그렇게 하고 있을 겁니다.

지속적으로 수익이 난다고 가정하면 엄청난 수익금이 눈덩이처럼 불어서 자산의 증식을 가져올 수 있겠지요. 그러나 일반적인 투자자들은 항상 반대 입장은 생각하지 않습니다. 재투자했다가 손실을 입을 경우 리스크가 배가될 수도 있고, 실제 수익금이 늘어나지 않는 결과를 초래할 수도 있습니다.

반드시 수익금을 지키는 연습을 하고, 주식계좌와 연동해 수익금을 관리하는 통장으로 꼭꼭 인출하시기 바랍니다.

수익을 내는 것도 자신이고, 그 수익을 지킬 수 있는 것도 투자자 자신입니다. 투자를 하기에 앞서 항상 어떻게 하면 수익을 지킬 수 있는지를 먼저 생각하는 투자자가 되셨으면 좋겠습니다.

Q2. 분할 매수가 무엇인가요?

여러분은 분할 매수의 의미를 정확히 아시나요? 물타기, 불타기, 분할 매수 등등. "그냥 나눠서 매수하면 분할 매수 아니야?" 이렇게 생각하는 분도 많겠지만, 분할 매수와 뇌동매매인 불타기나 물타기의 결정적인 차이는 계획성입니다.

뇌동매매의 대표적인 것이 추격매수죠. 급등주의 호가창을 바라보고 있으면 추격매수하고 싶은 충동이 듭니다. 지금 사면 곧 상한가를 갈 것 같고, 최소 2~3% 수익을 볼 수 있을 거란 생각이 듭니다. 하지만 현실은 내가 매수하는 시점이 당일 최고점일 경우가 많습니다. 그리고 이내 손절매하든지 해당 종목에 크게 물리는 경우가 허다합니다.

분할 매수란 사전에 특정 종목을 매수하기 전 그 종목의 1차 매수가, 2차 매수가, 목표 매도가 등을 사전에 계획하고 매수하는 것입니다. 예를 들면, 주가가 하락할 경우 1차 매수가와 사전에 미리 정한 손절매 가격의 중간 지점이나 의미있는 이동평균선 눌림이 있는 특정 지점에서 보유 주식 대비 같은 비중 혹은 2배 이상의 비중으로 매수합니다. 이 경우 이후 조금만 반등해도 낮아진 평단가 덕분에 수익을 내고 빠져나올 기회가 생깁니다.

하지만 이 경우에도 역시 시장이 반대로 움직인다면 분할 매수 이후 당초 손절매 가격은 반드시 지켜야 합니다.

Q3. 손절매는 몇 퍼센트로 정하고 하시나요?

이 질문을 받으면 전 반대로 여쭤봅니다.

슈 팅: 질문 주신 분은 단타랑 손절매를 몇 %로 정하시나요?
질문자: 전 단타는 4%, 스윙은 10%로 정합니다.
슈 팅: 종목의 특성과 차트의 형태, 매수한 위치와 상관없이 일률적인

비율로 손절매하는 것은 효율적이지 않습니다.

이런 질문을 하는 분들은 나름대로 자신만의 원칙을 가지고 있는 경우여서 그나마 다행이지만 "내 사전에 손절매 따위는 없다."라는 식으로 생각하는 분들은 정말 위험합니다. 손절매를 못 하는 분들은 절대 주식투자를 해서는 안 됩니다. 단기, 중기, 장기 투자 시에도 손절매는 필요합니다. 물론 투자 기간, 종목에 따라 손절매의 변동폭은 달라지겠죠.

앞에서 언급한 대로 본인이 매수한 종목의 위치, 아래로 가장 가까운 위치의 지지선, 이동평균선들이 밀집되어 있을 경우, 혹은 이격이 벌어진 경우 어디까지를 손절매로 잡을 것인지 등등을 고려해 의미있는 지점을 특정하고 손절매선을 정해야 현명합니다.

이것은 하루아침에 깨달을 수 없습니다. 다수의 투자 경험을 통해 반등하는 지점과 지지하는 지점을 파악해야 효율적인 손절매선을 특정할 수 있습니다.

손절매에 대한 제 생각을 말씀드리자면, 최상의 손절매선을 잡기 위해서는 최적의 매수를 해야 한다는 것입니다. 호가창을 바라보며 시장가 매수나 호가 위로는 절대 사지 말고 항상 특정 지지선이나 의미 있는 지점(이평밀집, 이평선 위 캔들 안착, 전고점 돌파 등)을 통해 매수 대기를 걸고 체결되기를 기다려야 합니다. 눈여겨보던 종목이 체결되지 않고 급상승하더라도 실망하지 마세요. 여러분이 살 수 있는 종목이 2,000여개도 넘게 있으니까요.

아무 일도 하지 않으면 아무 일도 일어나지 않습니다.

주식을 매수하지 않으면 수익도 없지만 손실을 볼 확률도 없습니다.

추격매수 습관만 바꾸더라도 손실의 70%는 줄일 수 있다고 저는 확신합니다. 부디 단타와 스캘핑 거래를 하더라도 매수만큼은 느긋하게, 매도와 손절은 칼같이 하셨으면 합니다. 대부분의 투자 입문자들이 이와 반대로 하기에 수익은 작아지고 손실은 커진다는 것을 명심하세요.

Q4. 단타 거래 시 분봉차트는 어떤 것을 주로 보시나요? 주로 사용하는 이동평균선은 어떤 것들인가요?

제가 주로 사용하는 분봉차트는 3분봉차트입니다. 여러 종류의 분봉차트가 있는데 분봉의 선택은 개인의 기호에 맞게 사용하면 됩니다.

저는 1분봉차트는 직장인이 대응하기 쉬운 영역이라고 생각하지 않습니다. 그 이유는 너무 빠르게 움직이고, 짧은 시간 등락이 심해서 추세매매로 이어가기 쉽지 않기 때문입니다.

5분봉차트는 캔들의 움직임이 깔끔해서 보기는 좋습니다. 하지만 캔들 하나가 만들어지는 데 5분이나 걸려 급락 시 재빨리 대응하기가 쉽지 않은 단점이 있습니다. 그래서 저는 1분봉과 5분봉의 중간인 3분봉차트를 보며 거래하고 있습니다.

어디까지나 제 기준을 말씀드린 것이고, 각자 성향에 맞는 분봉을 보면 됩니다. 정해진 것은 없으며, 각 분봉차트의 이동평균선 밀집과 캔들의 움직임이 훨씬 더 중요하다는 것을 숙지하셨으면 좋겠습니다.